北大文化产业评论

Peking University Cultural Industries Review

向勇 ◎ 主编

2023—2024

华文出版社
SINO-CULTURE PRESS

图书在版编目（CIP）数据

北大文化产业评论. 2023—2024 / 向勇主编. —— 北京：华文出版社，2024.3

ISBN 978-7-5075-5895-1

Ⅰ．①北… Ⅱ．①向… Ⅲ．①文化产业－研究 Ⅳ．①G114

中国国家版本馆CIP数据核字（2023）第252018号

北大文化产业评论 2023—2024

主　　编：向　勇
责任编辑：杨艳丽　袁博
出版发行：华文出版社
地　　址：北京市西城区广安门外大街 305 号 8 区 2 号楼
邮政编码：100055
网　　址：http：//www.hwcbs.cn
电　　话：总编室 010-58336239　发行部 010-58336212　58336230
　　　　　责任编辑 010-58336191
经　　销：新华书店
印　　刷：三河市龙大印装有限公司
开　　本：787mm×1092mm　1/16
印　　张：11.25
字　　数：240 千字
版　　次：2024 年 3 月第 1 版
印　　次：2024 年 3 月第 1 次印刷
标准书号：ISBN 978-7-5075-5895-1
定　　价：68.00 元

版权所有，侵权必究

《北大文化产业评论》编委会

顾　问
叶　朗

主　编
向　勇

副主编
唐金楠　祝　帅

执行主编
冯叙园　杜慧珍

编　辑
刘结成　钮沭联　杨玉娟　闫小青　于　韵　朱　粲
张瑾瑜　张艺璇　郑雨琦　裴慧恩　邓　源　王小溪

专家委员会委员（按姓氏笔画排序）

王一川（北京师范大学）

王　忠（澳门城市大学）

尹　鸿（清华大学）

花　建（上海社会科学院）

李天铎（台湾昆山科技大学）

李向民（南京艺术学院）

李凤亮（华南农业大学）

李　炎（云南大学）

杜本麟（香港理工大学）

范　周（中国传媒大学）

林国伟（香港中文大学）

金元浦（中国人民大学）

金世范（韩国国立安东大学）

单世联（上海交通大学）

胡智锋（北京师范大学）

顾　江（南京大学）
贾旭东（中国传媒大学）
高宏存（中央党校［国家行政学院］）
彭　锋（北京大学）
傅才武（武汉大学）
魏鹏举（中央财经大学）
Li Boyi（The London School of Economics and Political Science）

编者按

推动文化传承发展领域的理论建构、学科建设与智库建言,是本集刊长期以来始终坚持的自我定位。中华文化源远流长,中华文明博大精深。党的十八大以来,习近平总书记把宣传思想文化工作摆在治国理政的重要位置,围绕新时代文化建设提出一系列具有原创性的新思想、新观点和新论断,明确我们在新时代新的文化使命——"在新的起点上继续推动文化繁荣、建设文化强国、建设中华民族现代文明",极大地丰富和发展了马克思主义文化理论,构成习近平新时代中国特色社会主义思想有关文化论述的重要内容,在继承和发展中国共产党成立以来领导我国文化建设的宝贵经验基础上,最终开创性地提出习近平文化思想。习近平文化思想赋予中国式现代化以深厚的文化底蕴,表明经济发展与文化发展是同频、同向、互相成就的,能为建设中华民族现代文明和实现中华民族伟大复兴注入底气与活力。

嘤其鸣矣,求其友声。2023年,第二十届中国文化产业新年论坛于1月7日至8日举行,论坛以"中国式现代化与文化新辉煌"为主题,来自全国文化产业领域的各界专家学者,围绕文化产业高质量发展进程中的发展格局、城市建设、新兴业态、文化自信、创意IP打造、生态系统等方面进行了深入的交流探讨。北京大学艺术学国际博士生学术论坛于9月1至3日召开,其中的文化产业分论坛以"技术生成与创意表达"为主题,来自国内外的新锐学者展现了良好的探索文化与科技融合发展的理论品格和学术关注。本集刊收录了这两次论坛遴选出的部分优秀论文,并得到11位文化研究领域的专家学者的热烈响应,使得本集刊收录的论文基本囊括了2023年我国文化事业建设与文化产业发展的重点领域和热点议题。本集刊分为理论视野—经典观点再探、前沿观察—文化创意传承、产业动态—文化消费新论、区域热点—城乡文化发展四个栏目,从不同角度、不同类型、不同层面、不同学科总结了当前我国文化传承发展的理论成果和实践创新。

在理论视野栏目中,本集刊所辑论文从文化理论和产业实践角度提出文化研究的原创性理论。有研究者对德勒兹哲学中关于差异性和多样性的核心观点进行了分析,揭示这些观点在人工智能生成艺术中的体现和应用;有研究者以文旅资源的不同维度为研究对象,阐述当前文化体育旅游产业融合发展的政策背景和实践特点,探索文化创意设计促进产业融合升级的作用与机制。

在前沿观察栏目中,本集刊所辑论文聚焦社区美术馆实践、中华传统文化自媒体跨文化传播、西方戏剧的戏曲改编等行业热点话题。有研究者认为，伴随着"艺术社区"理论与实践的发展，中国当代社区美术馆的实践正在发生形态的拓展与功能的转向；有研究者立足于当前中华传统文化的自媒体跨文化传播实践，从"觉醒""内省""消距"三个维度回溯中华传统文化自媒体跨文化传播的相关理论；有研究者以"跨文化戏剧（Intercultural Theatre）"前沿概念为切入点，讨论作为西方戏剧的中国戏曲改编实践在不同阶段的发展情况；有研究者从机理、困境与路径的角度，分析数字文化产业与意识形态建设；有研究者以唐代金银香囊的艺术形式为例，探究中国古代物质文化的历史延续性与创新价值，论述中国文化产业中基于古代物质文化的产品创意特色。

在产业动态栏目，本集刊所辑论文关注创意文化园和"二创视频"，以个案研究的方式探析影响文化创新发展的深层次因素。研究者以华侨城创意文化园为个案，检视其特色与日常社会实践，分析其文化影响与社会影响；有研究者基于文化基因跨媒介增生视角，讨论"二创视频"在当下的发展情况和受到的合理性争议，指出"二创视频"构成基因增生闭环的有效条件，提出新时代语境下文化基因新序列形成的可能。

在区域热点栏目，本集刊所辑论文着眼于创意劳动和工业遗产的代表性案例，对文化发展相关领域进行深入分析，对文化及相关产业的未来发展提供可行性建议。有研究者将韩国音乐表演行业中的相关工作人员视为创意劳动者，探讨其创意劳动的双重性，对创意劳动者的身份进行批判性思考；有研究者引入"新部落主义"理论，通过实地调研，对宁波渔轮厂工业遗产的适应性更新实践进行评估分析。

本集刊立足新起点、把握新机遇、担当新使命、奋进新征程，紧扣文化理论研究的关键理论问题、国家文化建设的重大战略问题和世界文化潮流的前沿趋势问题，促进学科交叉、领域交融，推动不同学科、不同领域的学者相互砥砺，激发思想，点亮智慧，不断推动我国文化创新发展理论研究的持续推进和智库咨询的蓬勃展开，为推动文化研究领域中国自主知识体系的构建、为实现世界文化创新领域中国学派的创建而作出努力。

本集刊聚焦文化强国建设、人文经济学与新质生产力的学术命题，围绕文化发展战略、国家文化安全、文化体制改革、公共文化服务、文化与旅游融合、数字文化产业等议题进行长期的评论观察，提高人文性、思辨性和建构性的办刊思路，拓宽中国性、世界性和未来性的学术视野。本集刊编委会将进一步把好组稿编校质量关，加大宣传推广，提高学术品质，扩大学术影响。诚挚感谢国内外各界方家的持续关注和大力支持。

《北大文化产业评论（2023—2024）》编委会

2024年1月20日

目　　录

编者按 ··· 1

理论视野·经典观点再探
创意赋能与资源禀赋——基于创意资本理论下的创意乡村类型探究 ············· 2
差异化与多样性：德勒兹的哲学思想与人工智能生成艺术的创造性对话 ······ 17

前沿观察·文化创意传承
"艺术社区"语境下社区美术馆实践的形态拓展与功能转向 ·················· 34
觉醒、内省与消距：中华传统文化自媒体跨文化传播的理论回溯及启示 ······ 56
流动的戏剧：21 世纪以来西方戏剧的戏曲改编 ···························· 66
数字文化产业与意识形态建设：机理、困境与路径 ·························· 78
中国古代物质文化的延续性与创新力
　　——以唐代金银香囊艺术形式的广域流传与创意反思为例 ··············· 89

产业动态·文化消费新论
创意产业在中国：深圳华侨城创意文化园作为文化生产场域 ··············· 106
文化基因跨媒介增生视角下的"二创视频"合法性研究 ····················· 124

区域热点·城乡文化产业
创意劳动的双重性：对韩国演出类音乐工作人员身份的批判性思考 ········ 140
基于新部落主义的工业遗产适应性更新评估
　　——以宁波渔轮厂为例 ·· 154

《北大文化产业评论》征稿启事 ·· 170

理论视野·经典观点再探

创意赋能与资源禀赋——基于创意资本理论下的创意乡村类型探究

陈 昱[①]

(中央文化和旅游管理干部学院,北京 102699)

【内容提要】 随着我国乡村振兴战略的稳步推进,文化产业对乡村振兴的赋能已成为乡村高质量发展的新主题。乡村独特的资源条件和禀赋差异决定了其创意赋能路径的个性化和特色化。本文基于创意资本理论,对乡村进行了一种相对客观的类型学划分,形成了四种理想类型:重创型、协调型、特色型、互益型。在此基础上,通过分析白马花田、西溪南、余村三个案例,深入研究了不同类型乡村的特点及其独特创意赋能过程。本文还从微观视角出发,构建了乡村创意赋能框架,揭示了创意乡村建设的内在逻辑,进一步讨论不同赋能方式的适用条件,为我国乡村高质量发展提供了有益参考。

【关键词】 创意资本理论;乡村振兴;资源禀赋;创意赋能

Creativity Empowerment and Endowment Disparity: A Study on the Types of Creative Villages Based on Creative Capital Theory

Abstract: With the steady progress of China's Rural Revitalization Strategy, the promotion of cultural industries for rural revitalization has emerged as a new focal point for the high-quality development of rural areas. The distinctive resource conditions and endowment

---

① 陈昱,中央文化和旅游管理干部学院副研究员。

disparities in rural areas determine the individuality and distinctiveness of their creative empowerment paths. Based on the Creative Capital Theory, the study objectively categorizes rural areas into four ideal types: the creative type, the coordinated type, the distinctive type, and the mutually-beneficial type. Building upon this foundation, through an analysis of three cases—Baima Town, Xixinan Town, and Anji County—this study delves into the characteristics of different types of rural areas and their unique processes for enabling creativity. From a micro perspective, the study would construct a framework for empowering creativity in rural areas to unveil the internal logic behind fostering creative rural development. Furthermore, it explores suitable conditions for various enabling approaches to provide valuable insights for promoting high-quality development in China's rural regions.

Key words: Creative Capital Theory; Rural Revitalization; Endowment Disparity; Creative Empowerment

一、引　言

2022年4月，文化和旅游部等六部门联合发布的《关于推动文化产业赋能乡村振兴的意见》，明确了文化产业赋能乡村振兴的总体要求和发展目标，提出了文化产业赋能乡村振兴的创意设计、演出产业、音乐产业、美术产业、手工艺、数字文化、特色文化产业、文化和旅游融合8大领域。该文件充分证明我国政府部门对乡村振兴战略的高度重视，以及对文化产业在乡村振兴中关键地位的深刻认识，旨在通过推动文化产业发展，促进乡村产业的全面振兴。为什么文化产业发展逐渐成为乡村高质量发展的重要议题，最关键的原因是文化产业能够通过外化与内化两方面推动乡村建设水平的全面提高。[①] 从外化视角来看，文化产业具备环保、高附加值等特性，同时对创新与智力资本的需求较高。因此，通过创新为乡村文化赋能，可以深入发掘乡村的优质文化资源，将资源转化为具有市场竞争力的产品，提升乡村产业的竞争力。此外，创意为乡村文化注入新颖的元素与风格，使之更契合现代社会的审美和需求，进一步提高乡村文化的知名度与影响力。这将有助于吸引更多游客与投资者前往，提升乡村的经济效益与文化效益。[②] 从内化视角来看，文化产业的发展

---

① 崔娜.文化资本视角下的农村公共文化服务效能提升理论模型构建研究［J］.宁夏社会学，2022（06）：125-131.
② 时家贤，赵耀.文化产业赋能乡村振兴的机制与路径［J］.社会科学家，2022（12）：65-70.

对于促进村民集体意识的形成及提升文化自豪感具有积极作用。随着城镇化的推进，外来文化的冲击导致部分农民对自身文化认同度降低，甚至出现迷失的现象。因此，提升农民思想意识和推动农村文化建设成为乡村振兴的重要任务。文化产业的发展为这一任务提供了可靠的抓手，通过倡导村民对当地文化进行深度探索、重塑和创新，可以重塑村民对乡土文化的认识与理解，同时传承和弘扬优秀传统文化，发挥文化的培育功能，树立文化自信。①

调查发现，我国不同乡村之间存在巨大的差异性，尤其在资源禀赋与创意资本两方面呈现出不同的特色。为此，本文从创意资本的视角对乡村进行了相对客观的类型学划分，分析不同类型的乡村特点及创意赋能的过程，从微观视角切入，构建乡村创意赋能的框架，最终还原创意乡村建设的内在逻辑。

为了客观公允地划分各维度，本文综合运用了定量与定性研究方法，通过创意资本理论的解释及多次实地调研访谈，最终确定了资源禀赋与创意资本为划分类型的重要维度。此外，由于创意赋能是一个演变过程，它本身根据乡村当前情况而不断发生变化，需要以生成的视角去探索。因此，本文以动态视角分析创意赋能，研究赋能机制，希望通过这一研究能够为乡村的发展提供有价值的参考，进而推动乡村文化和旅游产业的高质量发展。

二、文献综述与概念界定

（一）创意资本理论

皮埃尔·布尔迪厄（Pierre Bourdieu）指出，资本是一种积累的劳动。它需要通过时间进行积累，并且需要以一种具体化、身体化的形式进行积累。同时，资本亦具备一种潜在能力，即通过单一或扩展的形式获取生产利润，并实现自我再生产。然而，经济学家普遍只认可单一形式的资本，即经济资本。布尔迪厄主张，为全面深入探讨社会世界的架构和功能，必须引入各类资本形式，他将资本具体划分成3大类别：经济资本、文化资本和社会（关系）资本。② 经济资本是经济学理论所认可的资本形态，可径直兑换为货币，其转换过程以私人产权制度为框架。文化资本则是一种反映行动者文化优势或劣势的资本形态。在特定条件下，文化资本可转化为经济资本，且转换过程依托于教育资质的制度化保障。

---

① 张波，丁晓洋.文化产业何以助推乡村振兴：一个分析框架[J].求是，2023（03）：82-94+112.
② 皮埃尔·布尔迪厄.区分：判断力的社会批判[M].刘晖，译.北京：商务印书馆，2015.

由于文化资本的出现冲击了经济学的固有认知，因此引起了经济学家的广泛关注。从表现形式上看，文化资本与经济资本有着明显的不同，例如，古建筑与艺术品，它们的价值来源是人们对其认知，所以难以被归类为经济资本中的任何一种。因此，布尔迪厄提出，当文化资本以文化产品的客观形态体现时，行动者要在真正意义上拥有文化产品，除了必须投入经济资本，还要进行身体形态文化资本的投资，即需要对产品进行感受、学习、理解。[1]其独特性在于它不仅是经济的产物，还是人类创造的精神财富，具有极高的经济价值、文化价值与社会价值。在布尔迪厄的理论中，除了肯定资本作为生产要素的作用，还关注了各个形态要素之间的转换能力，即创意赋能。这种能力有助于进一步发掘各要素所蕴含的剩余价值，进而实现效益最大化目标。因此，本文根据资本与转换能力两者之间的关系，创建了资源禀赋与创意赋能两个核心维度，以此将乡村进行分类。

（二）资源禀赋

作为乡村高质量、可持续发展的本底要素，资源禀赋在乡村建设中的关键作用日益凸显。在我国新时代乡村振兴战略背景下，充分挖掘和利用乡村资源禀赋，发挥其比较优势，对于推动乡村经济转型升级、提高农民生活水平具有重要意义。村庄的异质性资源禀赋与其产业发展之间存在密切关系，不同区域的资源要素决定了乡村的差异化发展趋势。[2]尽管学界尚未对资源的分类有统一标准，但较为流行的观点认为，资源禀赋大致可以分为有形资源与无形资源两类。[3]乡村的有形资源主要包括自然生态、文化建筑、特色美食与服饰等具备客观形式的物质资源；乡村的无形资源则更强调精神层面，主要体现形式为非物质文化遗产和民间传统艺术。

有形资源对乡村产业的作用往往是直接的，丰富的物质资源能够赋予地区"资源红利"[4]，降低当地的生产成本，对乡村产业发展具有促进作用。同时，丰富的物质资源的支撑，为乡村经济的发展奠定了坚实基础。这些资源为乡村产业提供了丰

---

[1] 薛晓源，曹荣湘.文化资本、文化产品与文化制度——布尔迪厄之后的文化资本理论[J].马克思主义与现实，2004（01）：43–49.
[2] 杨亚东，杜娅婷，杨万青，等.资源禀赋与乡村产业的耦合评价——基于市场化视角[J].农业经济问题，2023（04）：134–144.
[3] Galbreath J. Which Resources Matter the Most to Firm Success? An Exploratory Study of Resource-based Theory [J]. Technovation, 2005, 25 (9): 979–987.
[4] Meek R B W T. Agricultural Requisites in Latin Americaby Department of Economic Affairs; The Economic Development of Latin America and its Principal Problemsby Department of Economic Affairs [J]. Southern Economic Journal, 1951, 17 (3): 354–356.

富的素材和创意，向乡村可持续发展注入新的活力。①自然生态与文化建筑作为文化和旅游产业的优良基础，乡村的文旅产业在这方面有着独特优势。这些自然生态和文化建筑不仅具有显著的景观价值，且蕴含着丰富的历史文化底蕴。随着乡村第三产业的蓬勃发展，这些资源吸引了大量游客前来观光、旅游、度假，进而创造了丰厚的经济效益。

随着城市化进程的加速和人们对乡村文化的热爱，乡村的无形资源逐渐成了人们关注的焦点。乡村的无形资源包括但不限于传统手艺、民俗文化、乡土信仰、口头传承的历史等，这些资源承载着乡村的文化记忆、传统知识和乡土智慧，是乡村发展的重要支撑。过去，由于城市化带来的农村人口外流和乡村经济的困难，许多乡村的无形资源曾被忽视和遗忘。然而，随着人们对乡村生活的向往和对个性化、多样化文化体验的追求，乡村的无形资源再次得到了重视。作为乡村特色的体现，乡村无形资源能够展示乡村的独特魅力和个性，蕴含着巨大的品牌价值，能够打造出独特的文化品牌，吸引游客和文化爱好者前来体验和欣赏，带来经济效益。此外，乡村的无形资源也是乡村凝聚力的重要源泉。以传统手艺和民俗文化为例，往往通过口口相传的方式传承，促进了乡村居民之间的紧密联系和互动。这种社区凝聚力的增强有助于促进乡村的和谐发展，加强社会联系，提升社区居民的文化认同感。

通过对以往研究的梳理，部分学者认为除了有形资源与无形资源，创意能力也是资源的重要组成部分②，创意能力能够保证对于不同形态资源的顺利转化③，而人才资源就是这种能力的客观体现，这一类人才也被称为"创意阶层"。根据理查德·佛罗里达（Richard Florida）的观点，创意阶层是未来城市与经济的主导力量，其中包括"创意核心"成员和"创意专家"。这个阶层的人员属于人力资源，但不同于其他人力资源，因为他们能够发现新的组合或新的可能性，从而可能对现有的经济结构产生冲击，打破原有的均衡。④

（三）创意赋能

现代经济发展到新时期，文化创意在经济发展中的作用越来越明显，使得创意

---

① 向君．自然资源禀赋、环境规制对地区绿色经济增长效率的影响［J］．统计与决策，2023，39（08）：51-56．
② 方润生．企业内部行为主体之间的互动关系与创新［J］．科学学研究，2003（01）：101-106．
③ 罗辉道，项保华．资源概念与分类研究［J］．科研管理，2005（04）：99-104+57．
④ Florida R. The Rise of the Creative Class—Revisited: Revised and Expanded［M］. Perseus Distribution, 2014.

赋能逐渐进入广泛实践中，形成文化创意赋能经济。这种经济的主要特征便是创意作为生产要素进入经济生活中，为管理与生产提供新的要素组合，从而能够优化产品属性与结构，以此提升产品竞争力并提高销售绩效。当前，由于基本物质需求被满足，人们对购买的商品与服务内在的文化需求逐渐增加。要让文化元素嵌入商品与服务之中，就需要发挥创意，传递包括审美、精神、象征等在内的文化价值。

文化创意不断渗透各个行业，成为产品高附加值的源泉所在。文化创意和设计服务具有先导产业作用，能明显提升各行各业的产品和服务品质，增加附加值，塑造品牌，提升市场竞争力，催生新技术、新工艺和新产品，满足新需求，成为新时期产业转型升级发展的原动力。可以认为，创意赋能就是文化资源的正向创造及产品设计。[①] 具体来说，创意赋能有多种途径，依据"联合国教科文组织创意城市网络"（UCCN）的成员，有7个大类：设计、文学、美食、音乐、手工艺与民间艺术、电影、媒体艺术。2022年4月，文化和旅游部等六部门联合发布的《关于推动文化产业赋能乡村振兴的意见》文件中的8大领域，本文在此基础上进行梳理和延展，总结出创意赋能途径主要有创意设计赋能、文学与影视赋能、演出与音乐赋能、美育美术赋能、非遗手工艺赋能、数字文化赋能、民俗与美食赋能、文旅体融合赋能8个类别。在具体的赋能过程中，创意主要通过场景化、故事化、形象化、数字化、品牌化、传播化等方法，对产业中的各个生产环节进行革新，以此创造新的要素组合，优化产业结构，提升产业配置，从而实现经济效益的提升。

在当前文化创意赋能乡村振兴大背景下，从创意的生成到实际的产业运营，文化创意通过多样化的手段持续地对乡村产业进行赋能。这个过程涵盖了多个方面，包括传统文化创新、文创产品设计、艺术表演与展览、乡村品牌建设、数字化技术应用、生态旅游创新等。作为拥有深厚历史文化底蕴的乡村，在创意赋能下，逐渐焕发出新的生机与活力。通过独具匠心的思维和创新的实践，推动乡村文化的传承、创新与商业化，表达多样审美意境，给消费者带来全感官的全新体验[②]，使乡村不再仅仅是商品消费的场所，而成为提供综合类消费体验与服务的重要目的地。这对于推动乡村经济的多元化发展，促进乡村产业的繁荣与兴盛，无疑具有重大的战略意义。

---

① 蒋友燏，闵晓蕾.基于乡村文化资源的内生创意系统[J].装饰，2018（4）：5.
② 范周，谭雅静.文化创意赋能文化旅游产业发展[J].出版广角，2020（06）：6-9.

三、创意乡村的类型学:一个理论框架

(一)创意乡村基本形态

本文根据乡村的资源禀赋与创意赋能生成的这两个维度之间的区别,构建了一个数字坐标以区分各个乡村的不同类型。(见图1)在这个坐标中,x轴为资源禀赋。乡村的资源禀赋主要是内生的存在,是乡村所具备的客观条件;y轴为创意赋能水平者的区别为静态与动态。本文认为,乡村自身具有的创意资本是静态的,而通过场景化、故事化、形象化、数字化、品牌化、传播化等方式激活资源禀赋是动态过程。由此,本文根据这个坐标,将创意乡村分为四个象限,并表示其不同特征。

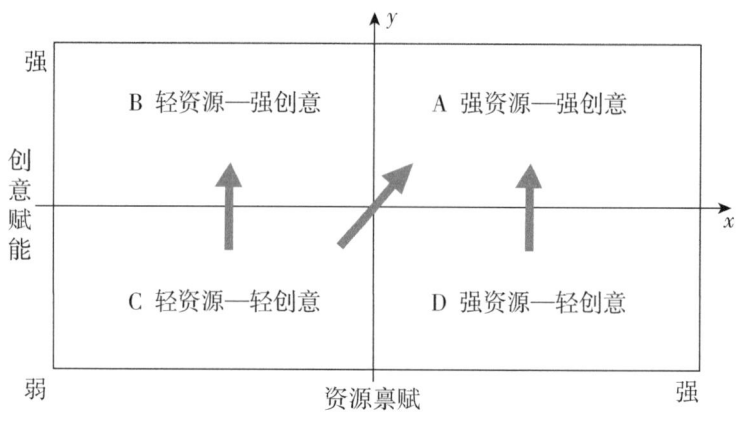

图1 创意赋能资源禀赋的类型学建构图

轻资源—轻创意(重创型):在第三象限里,乡村的有形资源与无形资源都较为匮乏,物质资源与人才储备都较为缺少,导致乡村在经济发展过程中面临着内生动力严重不足的问题。乡村建设需要注入外生动力,除了有外部项目与资金投入乡村建设中,还根据创意赋能路径制定相应的发展方略。这一类乡村往往人员流失严重,村委会成员由村中较为德高望重的村民担任,但是由于农民自身的观念守旧及局限性,难以为乡村发展提供好的建议。相对于物质资本的投入,创意赋能更加重要。因此,本文将其命名为重创型。

强资源—轻创意(协调型):在第四象限里,乡村资源的丰富性与创意的匮乏性形成了鲜明对比。乡村往往坐拥优良的自然资源,又受限于地理条件等因素,开发难度较大,成本高昂。但随着国家基础设施建设的完善与赋能路径的丰富,乡村保

留下来的传统建筑、民居、雕塑等成了重要的文化资源，可通过创新创意路径转化为乡村发展的新动力。此类乡村发展模式对本地资源依赖性较强，创意赋能作为新的环节，主要发挥协调各类资源的作用，以构建乡村特色产业链。因此，本文将其命名为协调型。

轻资源—强创意（特色型）：在第二象限里，乡村地区依托自身的特色和优势，以创新为引擎，推动乡村产业转型升级，打造一系列具有乡村特色的产品与服务。这些创新举措包括创意园、沉浸式体验、网红景点等，它们在本地具有较高的知名度和吸引力，逐渐成为周边城市居民周末或短途假期的好去处。创意资本的运用犹如一把钥匙，为乡村产业打开了通往繁荣的大门。通过不断创新，乡村地区得以充分发挥自身优势，开发文化和旅游产业潜力，从而实现可持续发展。此外，创意资本的导入还提升了乡村的软实力，丰富了乡村的文化内涵，使得乡村在竞争激烈的市场中脱颖而出。但乡村硬实力有所欠缺，有待进一步开发。因此，本文将其命名为特色型。

强资源—强创意（互益型）：在第一象限里，此类乡村已经具备丰富的资源、完善的配套设施、完备的产业链，创意赋能从乡村设计到实际运营都有所体现。乡村的创意设计能够借助当地的景观、表演、展览、手工艺等展现，而乡村的多种资源也通过赋能路径焕发活力，两者相互促进，相互成就。在乡村创意设计与资源赋能的相互促进下，乡村产业转型升级得以加速，吸引众多创意人才与投资者投身乡村发展，为乡村注入新的活力与动力。与此同时，产业转型升级亦推动乡村实现可持续发展，形成良性循环。作为乡村发展的最终形态，诸多优秀乡村案例被视为借鉴与推广的典范，成为乡村振兴的重要参考。因此，本文将其命名为互益型。

（二）创意乡村赋能路径

1. 重创型向特色型转化。重创型乡村往往面临的发展问题是多元而复杂的，除了劳动力与经济资本的欠缺，村民的思想意识也较为局限。根据内生增长理论，由于乡村内生动力不足，只能通过外力推动发展。要解决这一问题，需要提高乡村技术创新能力，即实现创意赋能。然而，全面创意赋能是一个长期而又持续的过程，短期内难以取得成效。因此，需要释放乡村的部分动力，先将发展重点放在乡村的部分特色资源开发上，打造网红打卡点、文化创意馆、沉浸式体验园区等能够短期内吸引关注且取得成效的项目。在此基础上，以产品与服务为核心，逐步搭建乡村产业链，优化乡村结构，推动乡村产业转型升级。

2. 协调型向互益型转化。丰富的资源禀赋为协调型乡村发展奠定了坚实的基础，因此，乡村建设的首要问题是如何对乡村整体要素进行合理规划与分配。根据约瑟夫·阿洛伊斯·熊彼特（Joseph Alois Schumpeter）的观点，创意作为新要素，重塑了乡村产业的生产要素与生产条件，以新的组合投入乡村生产中[①]，而协调型乡村向互益型乡村的转化关键就是如何选择最优组合。乡村在顶层设计上要关注如何利用创意将乡村丰富的资源串联起来，合理规划和分配乡村整体要素，实现产业、基础设施、生态环境和人才培养的协同发展。

3.重创型向互益型转化。与特色型乡村的转化路径类似，重创型乡村向互益型的转化同样是需要大量的外力投入来推动，但与特色型乡村转化不同的是如何利用创意使得重创型乡村的资源"从无到有"。大部分乡村拥有良好的自然环境，加之独特的地理地貌，这些自然资源构成了乡村发展的坚实基础，对城市居民具有天然的吸引力，为他们提供了一个日常休闲与放松的场所。从过去的农家乐模式到现今的生态乡村建设，皆充分展现了优美自然环境的巨大商业价值。在实现乡村从重创型向互益型的转变过程中，应充分遵循绿色发展条件原则，以生态为基础，发展第三产业。通过创意转换，开发天然氧吧、绿色跑道、露营基地等项目，将自然的基础条件充分利用，再通过开发娱乐、民宿、特色餐饮等配套设施展现乡村特色文化、完善旅游产业链，为游客提供良好的出行体验，从而增强乡村发展的内生动力，实现人与自然和谐相处的可持续发展。

四、案例选择与分析：从创意资本理论视角

（一）乡村创意资本的概念框架

乡村创意资本具有多样性，为了更科学系统地规划设计，需要对乡村的各类资本进行识别与分类。依据文化资本理论，同时，受到向勇、李伯一两位学者关于创意资本理论的启发[②]，本文将乡村创意资本分为四种类型。（见表1）

[①] 约瑟夫·阿洛伊斯·熊彼特.经济发展理论：财富创新的秘密[M].杜贞旭，郑丽萍，刘昱岗，译.北京：中国商业出版社，2009.
[②] 联合国教科文组织国际创意与可持续发展中心.创意与可持续发展研究报告 No.1：创意经济与城市更新（2019—2020）[J].[2023-09-20].

表 1 创意资本的基本类型

资本类型			
关系资本	文化资本	符号资本	数字资本
主体处于一定社会位置所具备的社会关系后具备整合的能力，关系资本能够促使行动者在社会网络中的位置发生变化，从而获得行动者预期结果	通过制度、积累、教育、设计等方式实现艺术创意或商业转变的能力，需要长时间文化价值的积累，同时也是行动者获得社会认可的关键	通过创造或重新构建的方式，创造或重新构建起象征物与文化内涵之间联系的能力	组织数字劳动者进行数字化信息商品或数字技术商品的生产，或者提供数字化信息服务，以获取剩余价值为目标的能力

创意乡村建设工作的开展主要立足于文化和旅游领域，把握乡村文化要素（文化资本）、人才要素（关系资本）、品牌要素（符号资本）的基本特征与功能，在此基础上发掘乡村数字要素（数字资本）这一未来趋势。通过创意赋能有效融入乡村振兴，促进乡村产业升级和融合发展，培育适宜的乡村支柱产业，从而推动乡村产业高质量发展。

（二）案例分析

1. 重创型到特色型：白马镇的花田营造

此类模式以宣汉白马镇毕城村最具代表性。白马镇是四川的一个偏远小镇，位于川东地区。小镇林海掩映处是一个个散布在山谷间、溪流畔、半山腰的小山村，农田里四季作物更替，一代代农人深耕，仿佛与世隔绝。作为一个普通小乡村，白马镇毕城村附近没有名山大川、名人故居，无法依靠风景名胜吸引游客。如何摆脱平庸，利用乡村自然生态资源使乡村脱颖而出，成为乡村开发面临的首要问题。

2016 年，北大师生在宗族亲友和社会力量的帮助下，开启了对"白马花田"的改造与提升，并在 2019 年组建了白马花田营造社。在当地没有品牌资源的条件下，积极创造品牌活动，通过月度、季度、年度的各类活动增加当地吸引力。代表性的"大巴山花田艺穗节"，通过策划实施艺术家驻村、花田艺绘、花田影像、花田剧社等 20 余场创客活动，赋予白马深厚的历史文化和静态的自然风物新的活力。艺穗节融入了新锐、创新的文化内涵，以及多元、开放、互动的表现形式，构建了艺术家、观众与当地居民共同探索、表达和参与的开放式乡村艺术生态系统，将日常生活空间转变为艺术和审美的舞台。①

---

① 向勇. 文化产业赋能乡村振兴的理论与方法——以白马花田营造社的创新实践为例［J］. 艺术管理（中英文），2023（01）：83-95.

为持续推动乡村创新，花田营造社系统性梳理当地的文化资源与文化脉络，倡导艺术家、学者、规划师等多元人才进行乡创实践，以艺术创作的形式让古老而久远的乡村文化与静止的自然景观重获生命力，将艺术融入村民的日常生活，强化传统文化与现代价值的链接，实现乡村价值开发的艺术效益，并以此推动乡村文化产业的经济效益。

在花田营造创客行动中，随着乡村创意的逐步释放，白马镇也在积极推动乡村品牌打造。白马花田系列文创产品将丰富的巴文化、独特的大巴山自然景观，以及深厚的土家族民俗文化等元素巧妙地融入其中，使得每一件产品都具有鲜明的地域特色和文化内涵。在众多白马花田系列文创产品中，巴匠编织和巴匠手作备受瞩目，这两款产品充分利用当地丰富的自然资源和传统手工艺，将大巴山的美丽风光和土家族的独特文化展现得淋漓尽致。不仅如此，设计者还结合现代设计理念，使传统工艺焕发出新的生命力，成为市场上独具特色的抢手商品。此外，花田醉酒也是白马花田系列文创产品中的佼佼者，这款产品以当地优质农产品为原料，运用传统酿造工艺，精心酿造而成。它不仅口感醇厚，品质上乘，更是将大巴山区的农耕文化融入其中，让消费者在品味美酒的同时，也能感受乡村文化的魅力。文创产品在市场上获得的广泛认可，无疑彰显了白马花田乡村创意模式的功效，使外界能够多途径领略白马花田的独特魅力。

白马镇同时也在推动乡创赋能数字平台的建设，以云计算、大数据、物联网等技术为支撑，为乡村产业的智能化建设提供公共支持，充分运用平台思维推动创意赋能乡村，为我国乡村振兴战略提供了有益借鉴。通过创新发展模式实现转型，在充分发挥连接、赋能和共生功能的基础上，白马镇成功构建了利益共生、生态共生和效益共生的新型乡村发展体系。这不仅为乡村产业注入了新的活力，也为乡创人士创造了良好的发展环境。如今，白马镇已成为乡创人士的共有家园，共同书写乡村振兴的华美篇章。

2. 协调型到互益型："绿野仙踪"西溪南

此类模式以徽州西溪南村为代表。西溪南村坐拥丰富的自然环境，同时临近五岳之一的黄山，发展潜力巨大，创意资本的投入能够进一步激发乡村价值。西溪南村因傍丰乐河南岸，该村由后唐始建，经五代、两宋鼎盛于明清，有1200年历史，素有"歙邑首富"之称，拥有丰富的历史文化内涵和历史遗迹，有全国重点文物保护单位——老屋阁和绿绕亭，先后获得"中国历史文化名村""全国乡村旅游重点村""中国传统村落"等荣誉。凭借着丰富的资源禀赋，西溪南村的发展拥有众多优势。然而，丰富的资源也为西溪南村带来"资源诅咒"之困，当地发展过分依赖旅游业，陶醉于资源所带来的红利，导致乡村发展陷入停滞。

2017年，西溪南村启动了美丽乡村建设。在这个项目中，村庄重点进行了三项工作：村污水治理、改厕和风貌整治。这些举措旨在提升村庄的环境质量，为村民们创造宜居的生活环境。在安徽省政府的领导下，西溪南村还规划建设了特色小镇，使其成为一个具有独特魅力和吸引力的旅游目的地。

为了打破"资源诅咒"，西溪南村采取了主动开放的政策，欢迎游客免费参观，并积极探索新的盈利模式。同为古镇古村旅游类型，西溪南古村落建筑与完整度均无法与宏村、西递等抗衡，仅仅打文化牌，或仅仅打生态牌均无法充分表达西溪南的特色，"绿野仙踪"文旅概念的提出，是对西溪南文化和生态优势的精准提炼，更是与竞争对手的特点进行了显著区分，是对内容打造的有力指引。凭借着"千年古村""千亩枫杨林湿地""千米高铁"三项资源的加持，西溪南村加大对创意产业的招商力度。迄今为止，西溪南村已成功引进来自北、上、广、深、沪、杭等地的85位，包括艺术设计、书画创作、摄影影视等领域的创意人才。

在引进人才的同时，西溪南村还积极发展民宿产业。目前，村庄共有54家民宿，总客房数达665间。2021年，这些民宿的总营业额达3000余万元，吸纳了当地300多人就业，其中包括5户贫困户的9人。此外，乡村咖啡厅、艺术文化空间的建设也同样丰富了当地的产业生态。通过乡村文化空间的建设，游客能够从中感受西溪南独特的文化气质，增强文化的同感体验，也为村庄的经济发展注入了活力。2021年，该村接待游客量达50万人次。借此契机，村集体通过运营区间车、停车场收费、集体资产租赁等方式，实现集体经济收入142.51万元，为村庄的可持续发展奠定了坚实基础。

如今，西溪南镇正以创意产业为引擎，奋力书写乡村振兴的新篇章。在不久的将来，一个充满活力、创意的西溪南镇将呈现在世人面前，成为乡村振兴的典范。

3. 重创型到互益型：安吉余村模式

此类模式以浙江安吉县余村为代表。安吉作为浙北的一个小县城，没有名川大山，又缺少文明景点，作为一个平平无奇的地区，经过十多年的发展，却逐渐成为旅游地的"黑马"。

20世纪80年代，为了尽快摆脱贫困县的称号，安吉县选择走"工业强县"的道路。尽管带来了一定的经济效益，引进的造纸、化工、印染等企业却不断破坏当地环境，甚至受到政府的警告。为此，余村大力整治污染企业，以生态文明为核心，加强环境管制，发展绿色产业，挖掘了"竹叶、桑叶、茶叶"等优势资源，并大力发展加工、手工等配套产业，"安吉余村模式"也由此逐渐浮出水面。

安吉模式与当前许多乡村的发展模式不同，没有过度强调产业的转型升级，仍然以农业为基，生态为本，注重产业互动，三化同步。① 当地毛竹资源丰富，质地优良，白茶历史悠久，品质上乘，安吉县根据这一优势，大力打造竹品、白茶等绿色品牌，以实现产业转型升级和经济发展。②

农业的稳步发展为余村赢得了良好的口碑，因此，当地紧锣密鼓地展开产业布局，以生态环境和历史文化为核心，推进旅游业的发展。不久，"中国竹海"、安吉茶园、高山疗养等特色景区和体验活动吸引了众多游客。在此过程中，游客还能够领略余村丰富的历史文化资源和独特的民族民俗风情。得益于良好的品牌形象塑造和游客间的口碑传播，余村成功实现了转型升级，以农业和旅游业为基础，成为浙江省的典范乡村。

余村模式的成功，源于其创新能力的助力，使其在众多乡村中独具特色。该地区持续推动创新与发展，确保乡村活力的持续注入。依托茶园生态，余村打造了咖啡厅、民宿、露营基地等文化空间，并借助社交媒体平台进行宣传，吸引了年轻一代的关注：人口仅 50 万的安吉，咖啡馆数量超过 300 家，其中包括全球单日出杯量最大的咖啡馆——"深蓝计划 X"。此外，全国首个且目前规模最大的数字游民基地 DNA 也位于安吉。随着创意阶层的涌入，安吉已成为乡村创意人才和产业的实践基地。在此地，两位曾分别在蔚来和阿里巴巴工作的年轻人创立了一家被房车圈的车友誉为我国房车改装天花板的工作室——松木巴士。如今，安吉创意中心的建设备受瞩目，这将是一个致力于乡村发展的创意中心。安吉县政府也积极招商，引入外部文化产业，期待借助文化产业的发展使余村再次创造奇迹。

五、总结与讨论

每个乡村都有自己的特色，而创意赋能则是将县域、乡村的特色进一步发挥。在乡村创意赋能过程中，一定要关注两个问题：第一，要充分挖掘和利用当地已有资源，对资源进行科学梳理与提炼并对这些资源进行整合与开发；第二，创意赋能

---

① 唐建兵. "安吉模式"对美好乡村建设的借鉴与启示［J］. 衡水学院学报，2015, 17（04）：48-52.
② 姚禹阳. "安吉模式"对我国美丽乡村建设的启示［J］. 现代化农业，2018（03）：37-38.

并非简单复刻其他乡村的发展模式，而是要真正结合当地特色进行规划设计，结合地区规划和地区产业结构进行优化，形成科学且系统的产业空间布局，从而激发乡村发展潜力。

在我国大力促进文化产业赋能乡村振兴的背景下，本文经过对现有研究的总结归纳与实践调研，依据资源禀赋、创意赋能两个维度提出了4种类型的乡村模式。这4种模式能够较为全面覆盖当下各类乡村，再通过理论分析与案例分析，详细论述了如何合理运用创意对乡村产业进行赋能，最终形成创意乡村发展的简单范式，为文化创意赋能乡村振兴提供更多理论参考。但是，乡村的条件并非"千村一面"，因资源禀赋不同和创意赋能方式不同，决定了各个乡村只能成为"第一个"，不能成为"下一个"。三种赋能转化过程各有特点，从重创型到特色型的"先锋"打造模式，协调型到互益型的创意协调资源模式，重创型到互益型转化中的优势引导与产业协同。三种转化途径有着不同侧重，很难评判哪一种模式更适合推广，因为在乡村遇到的实际问题是复杂而多元的，所选择的发展模式仅供参考。

本文主要探讨了创意乡村的演变及类型学划分，这是文化创意赋能乡村振兴的具体路径探索。关于乡村发展中的具体影响因素，包括吸引人才与资金支持的策略，以及相关政策引导等问题，本文并未深入研究。在未来的研究中将持续深化探讨，力求不断完善创意乡村研究框架，助力乡村在传承与创新中找到准确定位，推动乡村可持续发展。

【参考文献】

［1］崔娜.文化资本视角下的农村公共文化服务效能提升理论模型构建研究［J］.宁夏社会科学，2022（06）：125-131.

［2］时家贤，赵耀.文化产业赋能乡村振兴的机制与路径［J］.社会科学家，2022（12）：65-70.

［3］张波，丁晓洋.文化产业何以助推乡村振兴：一个分析框架［J］.求是，2023（03）：82-94+112.

［4］皮埃尔·布尔迪厄.区分［M］.刘晖，译.判断力的社会批判：La distinction：Critique Sociale du Jugement［M］.商务印书馆，2015.

［5］薛晓源，曹荣湘.文化资本、文化产品与文化制度——布尔迪厄之后的文化资本理论［J］.马克思主义与现实，2004（01）：43-49.

［6］杨亚东，杜娅婷，杨万青，等.资源禀赋与乡村产业的耦合评价——基于市场化视角［J］.农业经济问题，2023（04）：134-144.

［7］向君.自然资源禀赋、环境规制对地区绿色经济增长效率的影响［J］.统计与决策，

2023，39（08）：51-56.

［8］方润生.企业内部行为主体之间的互动关系与创新［J］.科学学研究，2003（01）：101-106.

［9］罗辉道，项保华.资源概念与分类研究［J］.科研管理，2005（04）：99-104+57.

［10］蒋友燏，闵晓蕾.基于乡村文化资源的内生创意系统［J］.装饰，2018（4）：5.

［11］范周，谭雅静.文化创意赋能文化旅游产业发展［J］.出版广角，2020（06）：6-9.

［12］约瑟夫·阿洛伊斯·熊彼特.经济发展理论：财富创新的秘密［M］.杜贞旭，郑丽萍，刘昱岗，译.中国商业出版社，2009.

［14］联合国教科文组织国际创意与可持续发展中心.创意与可持续发展研究报告No.1：创意经济与城市更新（2019-2020）［J］.［2023-09-20］.

［15］向勇.文化产业赋能乡村振兴的理论与方法——以白马花田营造社的创新实践为例［J］.艺术管理（中英文），2023（01）：83-95.

［16］唐建兵."安吉模式"对美好乡村建设的借鉴与启示［J］.衡水学院学报，2015，17（04）：48-52.

［17］姚禹阳."安吉模式"对我国美丽乡村建设的启示［J］.现代化农业，2018（03）：37-38.

［18］Galbreath J. Which Resources Matter the Most to Firm Success? An Exploratory Study of Resource-based Theory［J］.Technovation，2005，25（9）：979-987.

［19］Meek R B W T. Agricultural Requisites in Latin Americaby Department of Economic Affairs；The Economic Development of Latin America and its Principal Problemsby Department of Economic Affairs［J］.Southern Economic Journal，1951，17（3）：354-356.

［20］Florida R. The Rise of the Creative Class—Revisited：Revised and Expanded［M］.Perseus Distribution，2014.

差异化与多样性：德勒兹的哲学思想与人工智能生成艺术的创造性对话

张裕卓[①]

[鲁迅美术学院中英数字媒体（数字媒体），艺术学院 116650]

【内容提要】 本文深入探讨了德勒兹[②]的哲学思想与人工智能生成艺术在差异性和多样性方面的交集和相互影响。通过对德勒兹的哲学思想中关于差异性和多样性的核心观点进行详细分析，本文揭示了这些观点如何在人工智能生成艺术中得到体现和应用。特别是在算法生成艺术的过程中，德勒兹的差异性和多样性观点为理解算法如何能够生成具有深度和复杂性的艺术作品提供了有益的理论视角。本文还考察了算法和数据处理技术在实现这些哲学观点方面的潜力和局限性，以及数据集多样性对生成艺术的影响；进一步指出，德勒兹的哲学思想不仅为人工智能生成艺术提供了一种理论框架，还有助于更深入地理解艺术创作中的自由与控制、主观与客观的辩证关系。通过研究，我们可以更全面地理解人工智能在艺术创作中的角色和可能性，以及它如何与现有的哲学和美学观点相互作用。

【关键词】 差异性；多样性；德勒兹的哲学思想；人工智能生成艺术；创造性对话

[①] 张裕卓，鲁迅美术学院中英数字媒体（数字媒体）艺术学院、讲师，艺术/理学双硕士研究生，现博士在读，从事交互设计，观念影像和数字影像创作等教学工作。聚焦新媒体艺术研究与创作，致力于利用综合媒介手段，通过数字影像与可视化编程交互等方式，探讨时间、空间和环境与人的情绪表达。参与 2021 辽宁省年度科研项目《数字赋能冰雪文旅 IP 升级创新》。

[②] 吉尔·德勒兹（Gilles Deleuze，1925—1995），20 世纪下半叶最具影响力和最多产的法国哲学家之一。

Difference and Diversity: A Creative Dialogue between Deleuzian Philosophy and Artificial Intelligence Generated Art

Abstract: This study delves into the intersections and mutual influences between Deleuzian philosophy and AI-generated art, particularly focusing on the aspects of difference and diversity. By thoroughly analyzing the core tenets of difference and diversity in Deleuzian philosophy, the paper reveals how these concepts are embodied and applied in the realm of AI-generated art. Specifically, in the process of algorithmic art generation, Deleuze's perspectives on difference and diversity offer valuable theoretical insights into understanding how algorithms can produce art works of depth and complexity. The study also examines the potential and limitations of algorithms and data processing techniques in realizing these philosophical concepts, as well as the impact of dataset diversity on generated art. Furthermore, the paper holds that Deleuzian philosophy not only provides a theoretical framework for AI-generated art but also aids in a deeper understanding of the dialectical relationship between freedom and control, and subjectivity and objectivity in artistic creation. Through this research, a more comprehensive understanding of the role and possibilities of AI in artistic creation is achieved, as well as its interaction with existing philosophical and aesthetic viewpoints.

Key words: Difference; Diversity; Deleuze Thought; AI-Generated Art; Creative Dialogue

一、引　言

（一）研究背景与意义

差异化与多样性是艺术创作与表达中的重要概念，它们能够激发创造性思维，促进艺术作品的创新与多样化。同时，人工智能生成艺术作为一种新兴的创作方式，通过算法和数据处理，具备了实现差异性与多样性的潜力。本文旨在探讨差异性与多样性的概念，并将德勒兹的哲学思想与人工智能生成艺术的创造过程进行对话，以深入理解它们如何相互作用，推动创造性表达。

（二）德勒兹的哲学思想与人工智能生成艺术的关联

德勒兹的哲学思想强调差异性与多样性的重要性，认为它们是推动创意表达的动力。在人工智能生成艺术领域，算法和数据处理技术能够实现艺术作品的差异性和创新性，与德勒兹的哲学思想相契合。通过将德勒兹的哲学思想与人工智能生成艺术的实践相结合，我们可以进一步探索创造性表达的可能性。

（三）研究目的与结构概述

本研究的目的是深入探讨差异性和多样性在创造性表达中的作用，并探索人工智能生成艺术实现创造性多样性的潜力。全文包括六个章节：引言、差异性与创意表达、数据驱动的多样性、自由与控制的辩证关系、研究发现的讨论、结论与展望。通过对这些关键议题的研究，我们将揭示差异性与多样性对艺术创作的重要性，并展示人工智能生成艺术在实现创造性多样性方面的前景。

二、差异性与创意表达

（一）德勒兹差异性概念的解析

吉尔·德勒兹的差异性概念源于他的著作《差异与重复》。在这部作品中，德勒兹对差异性（Difference）进行了深入的探讨，试图突破传统的身份和相似性的框架，来开辟一种新的哲学思考方式。差异性在德勒兹的理论中被理解为不同实体之间的非同质性和非同一性，它超越了二元对立的二选一的观念，体现为无数的可能性。德勒兹强调差异性是一种内部的差异，不同实体之间的差异并非简单的对立关系，而是构成整体的一部分。他认为，差异不仅是事物之间的相对性，还是事物本身的内在属性。换句话说，差异不是通过比较而产生的，而是事物自身存在的方式。这一观点表明，差异性是存在于世界中的普遍特征，贯穿于物质世界、思维和感知领域。

差异性概念在德勒兹的哲学思想中具有重要意义，为我们重新审视创意表达提供了新的视角。根据德勒兹的观点，差异性是创意表达的基础和动力，因为它使得事物和概念能够与众不同，不断变化和创新。德勒兹将差异视为肯定性生成，存在于内在的发展中。[1] 德勒兹认为，差异性是创造性表达的先决条件，只有在差异性的基础上，才能产生新的思想和艺术作品。[2] 这一理论对于人工智能生成艺术尤为重要，因为人工智能通过算法和数据的处理可以产生大量的创意性作品，而这些作品正是建立在差异性的基础上，通过不同的组合和变化实现创新的。

---

[1] 任青泽. 论德勒兹的"非个人化"思想［D］. 山西大学，2021.DOI：10.27284/d.cnki.gsxiu.2021.000708.
[2] Bonta M, Protevi J. Deleuze and Geophilosophy: A Guide and Glossary［M］. Edinburgh University Press，2019.

德勒兹的差异性概念还包括重复性和变异性的概念。他认为，重复性是差异性的表面现象，而变异性则是差异性的本质。重复性是指相同事物之间的相似性和重复性，变异性则是指差异性的不同表现和多样性。德勒兹认为，变异性是创造性表达的源泉，它通过不同的组合和重新排列产生新的事物和概念。因此，差异性在创意表达中扮演着重要的角色。

通过深入理解德勒兹的差异性，我们能够更好地理解创意表达的本质和创新过程。在人工智能生成艺术领域，差异性的概念为算法和数据处理提供了新的启示。如何利用差异性来创造出更加多样和独特的艺术作品将成为业界未来研究的重要方向。

（二）差异性在人工智能生成艺术中的应用

人工智能生成艺术利用算法和数据处理技术，通过模拟人类的创造力和表达能力，创造出具有独特性和创新性的艺术作品（图1）。差异性在人工智能生成艺术中的应用体现在多个方面。

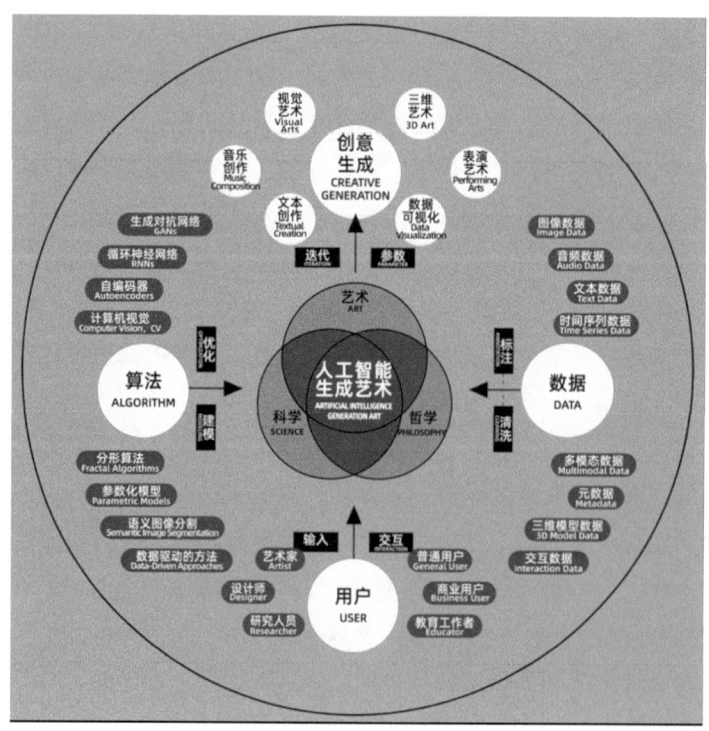

图1　人工智能生成艺术流程模型

差异性在人工智能生成艺术中被广泛运用，以推动创意表达和创新性艺术作品的产生。通过算法和数据处理技术，人工智能能够捕捉和处理多样性的信息，从而创造出具有独特性和创新性的艺术作品，而差异性在此过程中扮演着重要角色。

首先，差异性为人工智能生成艺术提供了理论基础和创作方向。通过理解差异性的概念，人工智能系统能够模拟和表达物质世界的多样性，并创造出独特的艺术作品。人工智能系统通过算法和数据处理技术，可以从海量数据中提取和生成差异性的特征和形式（图2）①。

图2　使用Midjourney通过文字描述生成中国水墨风格的图像

其次，差异性的应用使人工智能生成艺术具有个性化和多样性。通过算法和数据处理的应用，人工智能系统能够生成具有不同风格、形式和主题的艺术作品，满足不同审美偏好和创意表达需求（图3）②。差异性的运用使得人工智能生成艺术从传统的模板化生成模式中解放出来，呈现出更丰富多样的创意表达。

德勒兹的差异性概念为人工智能生成艺术提供了理论基础。人工智能生成艺术通过算法的应用和数据的处理，能够实现艺术作品的差异性和创新性。算法的运行和数据的处理使得艺术生成过程中的每一步都具有独特性，从而创造出多样性的艺

---

① 作者本人使用Midjourney生成的中国水墨风格图像。
② 图片来源：https://medium.com/a-i-art-design/ultimate-a-i-visual-style-guide-3bf20659e35c，[online]，5/8/2023，提示词：chair, abstract expressionism（左图）；chair, academic（右图）。

术作品[1]。这种多样性不仅体现在艺术作品的形式、风格和主题上，也包括了艺术生成的过程本身。

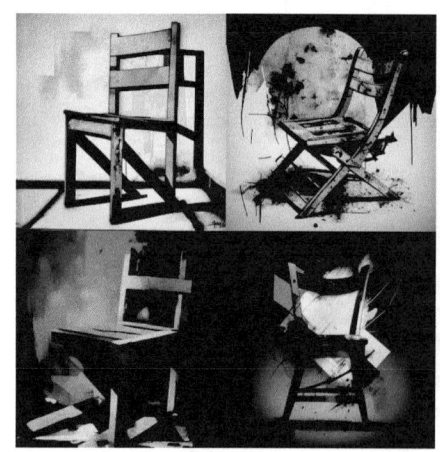

图 3 使用 Midjourney 通过文字描述生成多种不同艺术风格的图像

（三）算法与数据处理对创意表达的影响

算法和数据处理在人工智能生成艺术中对创意表达产生着重要影响。算法作为一种计算模型，通过对数据的分析和处理，能够参与生成艺术作品的各个方面。数据处理则为算法提供了创作的材料和基础。

算法和数据处理对创意表达的影响体现在多个方面。首先，算法的设计和运行决定了艺术生成的特征和形式，对艺术作品的结构和组织产生直接影响（图 4）[2]。其次，数据的选择和处理决定了艺术作品所呈现的内容和主题。数据的多样性和丰富性能够为艺术生成提供更广泛的选择和创意的可能性。[3]

综上所述，德勒兹的差异性概念在人工智能生成艺术中具有重要意义。通过运用算法和数据处理技术，人工智能生成艺术能够实现差异性的创意表达。算法的设计和数据的处理对创意表达具有重要影响，艺术生成提供了多样性和创新性的机会。

---

[1] Colton S, Wiggins G A. Computational Creativity：The Final Frontier? [C] //Ecai. 2012, 12: 21-26.
[2] 图片来源：https://twitter.com/fabianstelzer/status/1561019319299067906/photo/3，[online], 5/8/2023.
[3] McCormack J, Inverno M. Computers and Creativity: The Road Ahead [M] //Computers and Creativity. Berlin, Heidelberg: Springer Berlin Heidelberg, 2012: 421-424.

图 4　不同人工智能生成模型（Midjourney，DALL-E 2，Stable Diffusion），使用相同文字描述生成的不同风格的图像。

三、数据驱动的多样性

（一）多样数据对人工智能生成艺术的重要性

在人工智能生成艺术中，多样的数据对创造性和多样性的实现至关重要。通过利用不同类型、来源和特征的数据，人工智能系统能够从中获取丰富的信息，为艺术生成提供多样的素材和灵感。多样数据的应用使得生成的艺术作品具有更广泛的主题、风格和形式。

一种重要的多样数据类型是图像数据。图像数据包含了丰富的视觉信息，可以用于生成绘画、摄影和图像艺术作品。通过深度学习算法，人工智能系统能够学习和理解图像的特征和结构，从而生成具有多样风格和形式的艺术作品。例如，由计算机生成的艺术作品《埃德蒙·德·贝拉米肖像》[1]（*Portrait of Edmund de Bellamy*）（图5）就是利用图像数据和深度学习算法[2]生成的。

除了图像数据，文本数据也是实现多样性的重要数据源。通过自然语言处理技术，人工智能系统能够理解和分析文本的语义和情感，从而生成具有不同主题和风格的文学作品、诗歌或散文。一个例子是由 OpenAI 开发的文本生成模型 GPT-4，可

---

[1] Obvious Art.（2018）Portrait of Edmond de Belamy，Retrieved from：https：//obvious-art.com/.
[2] Gatys L A, Ecker A S, Bethge M. Image Style Transfer Using Convolutional Neural Networks [C] // Proceedings of the IEEE Conference on Computer Vision and Pattern Recognition. 2016：2414-2423.

以生成各种类型的文章、故事和对话。

图5①　《埃德蒙·德·贝拉米肖像》（*Portrait of Edmund de Bellamy*）

此外，音频数据和视频数据也为人工智能生成艺术提供了多样性的可能性。音频数据可以用于生成音乐、声音艺术作品和声音合成，视频数据可用于生成电影、视频艺术作品和视觉效果。通过深度学习和信号处理技术，人工智能系统能够从音频和视频数据中提取各种音频特征和视频特征，进而创造出具有多样性和创新性的艺术作品。

（二）算法学习与模型优化的多样性应用

算法学习与模型优化是实现艺术作品多样性的核心技术。通过精细的模型训练和参数调整，人工智能系统不仅能够深入理解数据的内在特征和规律，还能生成具有丰富多样的艺术作品。

在算法学习领域，深度学习被广泛认为是一种高效的方法。该方法主要依赖复杂的神经网络模型，如卷积神经网络（CNN）和递归神经网络（RNN）。这些模型通过多层神经元的精密连接，能够学习并提取数据中的高级特征。经过适当的训练，这些深度学习模型使人工智能系统能够从大量数据中提取丰富的特征表示，进而用于多样化的艺术创作。具体而言，在图像生成领域，生成对抗网络（GAN）深度学习模型已经成功应用于多个艺术创作任务，包括但不限于图像生成、图像风格转换

---

① 图片来源：Jones J. A Portrait Created by AI just Sold for $432,000［J］. The Guardian，2018.

及图像增强等。①

模型优化是通过微调模型参数和架构来进一步提升生成作品的质量和多样性。例如，通过调整深度学习模型的网络层数、神经元数量和激活函数等关键参数，可以显著影响生成艺术作品的风格和形态。同时，应用正则化技术、数据增强和自适应学习率等先进的优化策略，能够显著提升模型的泛化性能和创造力。例如，研究者们通过优化生成对抗网络的训练策略和损失函数设计，使得生成结果更加多样化和富于创新性。②

（三）实现不同风格、形式和主题的多样性作品

借助算法学习和模型优化的技术，人工智能生成艺术能够实现不同风格、形式和主题的多样性作品。在绘画领域，通过调整深度学习模型的输入条件和生成策略，人工智能系统可以生成不同风格的绘画作品，如印象派、抽象派、写实主义等作品。这些生成作品能够模拟和表达各种艺术风格和流派的特征，呈现出多样的艺术表达方式。例如，由深度学习模型生成的绘画作品《神经风格转换》（*Neural Style Transfer*）（图6）能够将输入图像的内容和风格进行融合，创造出具有个性化和多样化的艺术作品。

(a) Content　　(b) Style　　(c) Small Stroke Size　　(d) Large Stroke Size

图6③　神经风格转换（*Neural Style Transfer*）

在音乐领域，通过学习和模仿不同音乐家的作品风格和音乐理论，人工智能系统能够生成具有多样性的音乐作品。从古典音乐到流行音乐，从钢琴独奏到交响乐

---

① Goodfellow I, Pouget-Abadie J, Mirza M, et al. Generative Adversarial Nets [J]. Advances in Neural Information Processing Systems, 2014, 27.
② Karras T, Laine S, Aila T. A Style-based Generator Architecture for Generative Adversarial Networks [C] //Proceedings of the IEEE/CVF Conference on Computer Vision and Pattern Recognition. 2019: 4401-4410.
③ 图片来源：Jing Y, Yang Y, Feng Z, et al. Neural Style Transfer: A Review [J]. IEEE Transactions on Visualization and Computer Graphics, 2019, 26 (11): 3365-3385.

团演奏，人工智能生成的音乐作品涵盖了丰富的音乐风格和形式。例如，由神经网络生成的音乐作品能够模拟著名作曲家的风格，创造出充满多样性和创新性的音乐作品。① 而像 Stable Audio、MusicGen 等音乐生成式 AI 工具，可以通过文字描述直接生成音乐。这不仅在音乐生成的技术层面上实现了突破，还在艺术创作和人工智能应用方面展示了巨大的潜力。

在文学领域，人工智能生成的文本作品也呈现出多样性。通过学习和模仿不同作家的写作风格和文学技巧，人工智能系统能够生成各种类型的文学作品，如小说、诗歌、剧本等。这些生成作品能够展现出主题、情感和叙事风格的多样性。例如，由循环神经网络生成的文学作品能够模仿某位作家的写作风格和情感表达，创造出多样性和创新性的文学作品。②

总之，通过数据驱动的多样性应用，结合算法学习和模型优化的技术，人工智能生成艺术能够实现不同风格、形式和主题的多样性作品。这些技术和应用为艺术创作提供了丰富的创作可能性和创造性表达。

四、自由与控制的辩证关系

（一）德勒兹的哲学思想中自由与控制的对立关系

德勒兹的哲学思想提出了自由与控制的对立关系，并强调了对立关系的重要性。在他的著作《反德勒兹：自由与控制的哲学》中，哲学家斯图亚特·埃尔斯（Stuart Elden）指出，德勒兹对自由和控制的思考是通过他对权力、身体和社会关系的分析而形成的。③ 德勒兹认为，自由是指摆脱外部束缚和规范，追求个体的独立性和创造性表达的能力。而控制则是社会、权力和规则对个体的限制和规范，通过各种机制对个体进行引导和约束。④ 这两个概念的对立性导致了个体与社会、权力之间的紧张关系，也为创意表达提供了多重可能性。

德勒兹的著作《千高原：资本主义与精神分裂》中，他对自由与控制的对立关

---

① Hadjeres G, Sakellariou J, Pachet F. Style Imitation and Chord Invention in Polyphonic Music with Exponential Families [J]. arXiv Preprint arXiv: 1609.05152, 2016.
② Yu L, Zhang W, Wang J, et al. Seqgan: Sequence Generative Adversarial Nets with Policy Gradient [C] // Proceedings of the AAAI Conference on Artificial Intelligence. 2017, 31（1）.
③ Elden S. The Birth of Territory [M]. University of Chicago Press, 2019.
④ Massumi B. A User's Guide to Capitalism and Schizophrenia: Deviations from Deleuze and Guattari [M]. MIT Press, 1992.

系进行深入探讨，提出了"解放线"（line of flight）的概念。解放线是指个体通过突破和超越社会和权力的限制，追求自由和创造性表达的道路。① 解放线的存在使得个体能够超越现有的规范和框架，创造出全新的可能性和多样性。

在德勒兹的哲学思想中，自由被理解为超越现有限制和规范的能力，是个体表达和创造的能力。然而，自由并不意味着完全摆脱控制，而是在不同的控制机制中选择和创造自己的生活方式。德勒兹通过对权力和身体的研究，指出了权力与自由之间的紧密联系。他认为，权力不仅是一种压迫和剥夺自由的机制，还是一种能够产生创造性和多样性的力量。个体在权力机制的运作中通过反抗和变异，寻求自身的自由表达。②

（二）自由与控制在人工智能生成艺术中的体现

在人工智能生成艺术领域，自由与控制的辩证关系也得到了体现。一方面，算法和数据处理的控制机制为艺术生成提供了框架和规范。通过算法和数据的处理，人工智能系统可以对艺术创作进行指导和控制，使生成的作品符合特定的风格和主题。这种控制机制可以帮助艺术家实现创作意图，同时提供稳定性和可控性。

另一方面，自由的表达与控制的辩证关系在人工智能生成艺术中得到了平衡。艺术家可以通过设计算法和数据处理的方式来引入自由的元素，突破传统的艺术规范和限制。例如，通过引入随机性和变异性的算法设计，艺术家可以创造出意想不到的艺术效果和创新性的作品。同时，人工智能生成艺术也提供了个体自由表达的平台，使艺术家能够通过艺术作品表达自己的想法、情感和观点。

（三）算法与设计的平衡实现创造性多样性

在人工智能生成艺术中，算法和设计的平衡是实现创造性多样性的关键。算法作为控制和引导艺术生成的工具，能够确保艺术作品具有一定的结构和规范。设计的作用在于通过人为的干预和创造，引入自由和多样性的元素。艺术家可以在算法的基础上进行设计，调整参数、限制和约束，以实现创意的多样性。

设计过程中的自由表达与算法控制的辩证关系为艺术生成带来了更高的创造性。艺术家可以通过设计算法的初始状态、引入交互性和反馈机制，以及灵活调整算法参数的方式，创造出独特的艺术作品。在这个研究过程中，本文试着用图表去呈现人工智能生成艺术与差异性和多样性的平衡关系（图7）。这种平衡实现了创造性多

---

① Felix G，Guattari D. A Thousand Plateaus：Capitalism and Schizophrenia［J］. Trans. by Massumi，B.），University of Minnesota，Minneapolis，1987.
② Elden S. The Birth of Territory［M］. University of Chicago Press，2019.

样性，使人工智能生成艺术既具有控制性和可预测性，又能展现出个体的自由表达和创新性。

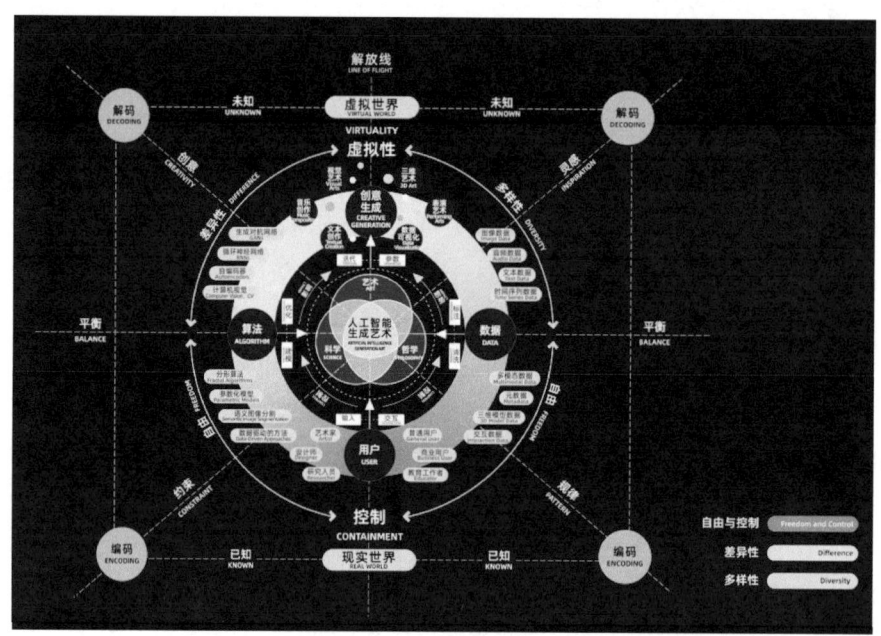

图7① 人工智能与差异性和多样性的平衡关系

通过算法与设计的平衡，人工智能生成艺术能够实现自由与控制的辩证关系。艺术家的创造性表达得以自由展现，同时受到算法和设计的规范和引导。这种平衡的实现为人工智能生成艺术带来了丰富的表现力和多样性，推动了艺术创作边界和潜力的拓展。

五、研究发现与讨论

（一）对差异性和多样性在创意表达中的重要性的阐释

本文深入探讨了差异性和多样性在创意表达中的重要性。差异性和多样性不仅丰富了艺术作品的表现形式，还促进了创新和创造力的发展。众多学者研究认为，

---

① 作者本人总结绘制。

差异性和多样性是创意表达的关键要素，能够激发个体的创造力和想象力[1]。差异性和多样性在创意表达中扮演着至关重要的角色。作为创意的基石，差异性和多样性为艺术家提供了独特的视角和创作灵感。正如德勒兹在其著作《差异与重复》中所指出的那样，创意的核心是通过不同元素之间的差异性来实现独特性和创新性[2]。通过在人工智能生成艺术中应用差异性和多样性的概念，我们能够推动艺术创作向更高的水平发展。

（二）人工智能生成艺术实现创造性多样性的潜力展示

人工智能生成艺术具备实现创造性多样性的潜力，能够创造出丰富多样的艺术作品。以近年来的案例为例，我们可以看到人工智能生成的艺术作品在不同领域呈现出创新性和多样性的特点。例如，在视觉艺术领域，由深度学习算法生成的艺术作品 *Memories of Passersby I*[3]（图8）引起了广泛的关注。在音乐领域，人工智能生成的音乐作品 *Hello World!*[4]（图9）展示了创新的音乐风格和和谐的旋律。这些案例证明了人工智能生成艺术在实现创造性多样性方面的潜力。

图8[5] *Mario Klingemann Memories of Passersby I*

---

[1] Amabile T M. Creativity in Context：Update to the Social Psychology of Creativity［M］. Routledge，2018.
[2] Deleuze G. Difference and Repetition. Columbia University Press，1968.
[3] Klingemann M. Memories of Passersby I. Retrieved from https：//underdestruction.com，2018.
[4] Sony CSL. Hello World! Retrieved from https：//www.flow-machines.com/helloworld/. 2016.
[5] 图片来源：https：//medium.com/dipchain/mario-klingemann-memories-of-passersby-i-c73f72675743，［Online］，5/8/2023.

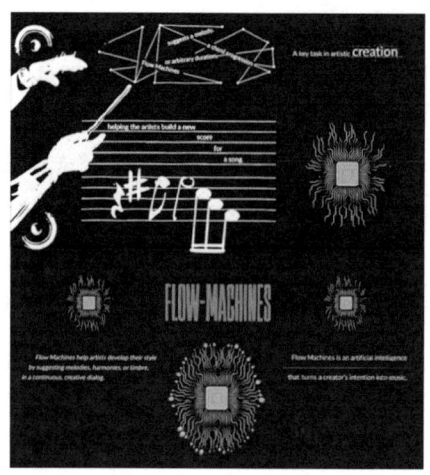

图 9[1]　SKYEGGE Hello Word!

（三）艺术创作与审美体验的新视角与启示

人工智能生成艺术为艺术创作和审美体验带来了新的视角和启示。在艺术创作方面，艺术家可以借助人工智能算法的辅助，拓展创作的可能性，发现新的创作灵感和风格。例如，法国艺术家雨果·卡塞勒斯·杜普雷（Hugo Caselles-Dupré）[2]使用GANs技术创作的艺术作品 Electric Dreams of Ukiyo[3] 融合了传统绘画风格和现代科技元素，呈现出独特的视觉效果和创新性。在审美体验方面，观众可以通过与人工智能生成艺术的互动，获得更加个性化和丰富多样的艺术体验。例如，Google Arts & Culture 项目中的"Art Transfer"功能允许用户将自己的照片转化为不同艺术风格的画作，使观众成为艺术的参与者和创作者。[4]

综上所述，通过对差异性和多样性在创意表达中的重要性的阐释，展示了人工智能生成艺术实现创造性多样性的潜力，以及艺术创作与审美体验的新视角和启示。人工智能生成艺术为艺术创作带来了更广阔的创作空间和表现形式，为观众带来更加个性化和丰富多样的艺术体验。

---

[1]　图片来源：https://www.helloworldalbum.net/，[online]，10/8/2023.
[2]　Postdoctoral Researcher, ISIR (Sorbonne University).
[3]　Obvious Art. Electric Dreams of Ukiyo. Retrieved from https://obvious-art.com/. 2019.
[4]　Google Arts & Culture. (n.d.). Art Transfer. Retrieved from https://artsandculture.google.com/asset/art-transfer/cwF_kHRgjreYzA?hl=en.

六、结论与展望

（一）研究发现与总结

通过对差异性与多样性在创意表达中的重要性、人工智能生成艺术实现创造性多样性的潜力，以及艺术创作与审美体验的新视角和启示的研究，我们得出了以下结论：首先，差异性和多样性在创意表达中具有重要意义。差异性能够激发创新和创造力，而多样性则赋予艺术作品丰富的形式和风格，使创意表达更加丰富多样。其次，人工智能生成艺术展现了实现创造性多样性的潜力。通过算法和数据处理，人工智能生成艺术能够创造出独特且多样化的艺术作品，拓展了艺术创作的边界，为艺术家提供了更多创作可能性。最后，人工智能生成艺术为艺术创作和观众审美体验带来了新的视角和启示。艺术家可以借助人工智能算法的辅助，发现新的创作灵感和风格，观众则能够通过与人工智能生成艺术的互动获得更加个性化和丰富多样的艺术体验。

（二）本文的贡献与创新之处

本文的贡献在于深入探讨了德勒兹的哲学思想与人工智能生成艺术的创造性对话。通过对差异性和多样性的解析，揭示了德勒兹的哲学思想与人工智能生成艺术之间的关联，并以此为基础，探讨了差异性、数据驱动的多样性和自由与控制的辩证关系在人工智能生成艺术中的应用和影响。本文的创新之处在于整合了德勒兹的哲学思想和人工智能生成艺术的研究，以探讨差异性和多样性如何推动创造性表达。同时，本文结合了具体案例，展示了人工智能生成艺术实现创造性多样性的潜力，并探索了艺术创作与审美体验的新视角和启示。

（三）进一步研究方向的展望

进一步的研究可以从以下几个方向展开。

首先，可以深入探讨德勒兹的哲学思想中的其他概念与人工智能生成艺术的关联，如重复性、虚拟性等，进一步挖掘这些概念在创意表达中的作用。其次，可以进一步研究人工智能生成艺术中的伦理和道德问题，探讨算法的影响及人工智能生成艺术对艺术创作与人类创造力的影响。再次，可以进一步探索人工智能生成艺术与其他领域的交叉研究，如音乐、文学等，以拓展人工智能生成艺术的应用领域和创新可能性。最后，还可以进一步研究人工智能生成艺术与观众的互动和参与，探索如何借助技术的力量提升观众的艺术体验和参与度。通过进一步研究，我们能够更好地理解德勒兹的哲学思想与人工智能生成艺术的关系，挖掘人工智能生成艺术的潜力，并为艺术创作和观众审美体验带来更多的创新和启示。

【参考文献】

[1] 胡新宇. 德勒兹差异哲学与美学研究[D]. 复旦大学，2012.

[2] 任青泽. 论德勒兹的"非个人化"思想[D]. 山西大学，2021.DOI：10.27284/d.cnki.gsxiu.2021.000708.

[3] Amabile T M. Creativity in Context: Update to the Social Psychology of Creativity[M]. Routledge，2018.

[4] Bonta M, Protevi J. Deleuze and Geophilosophy: A Guide and Glossary[M]. Edinburgh University Press, 2019.

[5] Coelho M, Ricotta C. The Art of Artificial Intelligence: Our Machines Can Paint[M]. Routledge, 2019.

[6] Colton S, Wiggins G A. Computational Creativity: The Final Frontier?[C]//Ecai. 2012, 12: 21-26.

[7] Deleuze G, Guattari F. EPZ Thousand Plateaus[M]. A&C Black, 2004.

[8] Deleuze G. Difference and Repetition[M]. Columbia University Press, 1968.

[9] Elden S. The Birth of Territory[M]. University of Chicago Press, 2019.

[10] Felix G, Guattari D. A Thousand Plateaus: Capitalism and Schizophrenia[J]. Trans. by Massumi, B.), University of Minnesota, Minneapolis, 1987.

[11] Gatys L A, Ecker A S, Bethge M. Image Style Transfer Using Convolutional Neural Networks[C]//Proceedings of the IEEE Conference on Computer Vision and Pattern Recognition. 2016: 2414-2423.

[12] Goodfellow I, Pouget-Abadie J, Mirza M, et al. Generative Adversarial Nets[J]. Advances in Neural Information Processing Systems, 2014, 27.

[13] Hadjeres G, Sakellariou J, Pachet F. Style Imitation and Chord Invention in Polyphonic Music with Exponential Families[J]. arXiv Preprint arXiv: 1609.05152, 2016.

[14] Jones J. A Portrait Created by AI just Sold for $432,000[J]. The Guardian, 2018.

[15] Karras T, Laine S, Aila T. A Style-based Generator Architecture for Generative Adversarial Networks[C]//Proceedings of the IEEE/CVF Conference on Computer Vision and Pattern Recognition. 2019: 4401-4410.

[16] Massumi B. A User's Guide to Capitalism and Schizophrenia: Deviations from Deleuze and Guattari[M]. MIT press, 1992.

[17] McCormack J, d'Inverno M. Computers and Creativity: The Road Ahead[M]//Computers and Creativity. Berlin, Heidelberg: Springer Berlin Heidelberg, 2012: 421-424.

[18] McCosker A, Wilken R, Wilken R. Creative Artificial Intelligence: Aesthetics, Algorithms and Augmented Intelligence[M]. Routledge, 2018.

[19] Patton P. Deleuze and the Political[M]. Psychology Press, 2000.

[20] Todorova K, Tselikas N. Art in the Age of Artificial Intelligence[M]. Routledge, 2019.

[21] Yu L, Zhang W, Wang J, et al. Seqgan: Sequence Generative Adversarial Nets with Policy Gradient[C]// Proceedings of the AAAI Conference on Artificial Intelligence. 2017, 31(1).

前沿观察·文化创意传承

"艺术社区"语境下社区美术馆实践的形态拓展与功能转向

李斯扬[①]

(北京大学艺术学院,北京 100871)

【内容提要】 在《"十四五"文化产业发展规划》为代表的一系列政策利好下,中国的社区美术馆实践与"艺术社区"建设正在成为乡村振兴、文化新基建与数字文化建设的重要组成部分。本文认为,伴随着"艺术社区"理论与实践的发展,中国当代社区美术馆的实践发生了形态的拓展与功能的转向。本文第一部分从"社区艺术"到"艺术社区"的历史脉络中来定位中国当代美术馆实践的社区转向,提出艺术社区的营造是社区美术馆实践的价值目标,社区美术馆是艺术社区建设的载体、枢纽与方法。第二部分以上海和长三角地区为例,分析了位于城市与乡村艺术社区中的社区美术馆的特点,以及其向流动于城乡之间的社区美术馆发展的形态拓展。第三部分论述了艺术社区语境下社区美术馆实践所体现出的共主体性、社区动员与自组织,以及微介入与微更新的功能转向。

【关键词】 艺术社区;社区美术馆;形态拓展;功能转向;社区建设

---

① 李斯扬,北京大学艺术学院艺术理论专业 2020 级博士研究生。

Morphological Expansion and Functional Transformation of Community Art Museum Practice in the Context of "Art Community" in Contemporary China

Abstract: Under a series of favorable policies represented by China's Cultural Development Plan for the 14th Five-Year Plan Period (2021—2025), the practice of community art museum and the construction of "art community" in China are becoming an important part of rural revitalization, new cultural infrastructure and digital culture construction. This paper holds that with the development of the theory and practice of "art community", the practice of contemporary community art museum in China has undergone a morphological expansion and functional transformation. The first part of the article locates the community turn in the practice of Chinese contemporary art museums from the historical context of "community art" to "art community" and proposes that the construction of art community is the value goal of community art museum practice, and community art museum is the foundation and method of art community construction. The second part, taking Shanghai and the Yangtze River Delta as examples, analyzes the characteristics of community art museums located in urban and rural art communities, as well as their morphological expansion towards community art museums that flow between urban and rural areas. The third part discusses the functional transformation of the co-subjectivity, community mobilization and self-organization, as well as the micro-intervention and micro-renewal embodied in the practice of community art museum in the context of art community.

Keywords: art community; community art museum; form expansion; functional transformation; community construction

近年来，在中国城市更新与乡村建设的大背景下，艺术项目走进城乡社区已经成为一股潮流。①2018至2022年，关于艺术社区与社区美术馆的理论探讨与实践在

---

① 董怿翎.公共艺术走进社区：塑造人与地方的情感联系［EB/OL］.（2021-12-07）［2022-11-18］. https：//www.thepaper.cn/newsDetail_forward_15731611.

国内涌现。在作为我国公共文化服务创新体系组成部分的"社区美术馆"刚刚起步的情况下①,"美术馆实践的社区转向"②呼吁我们从中国现实语境出发对艺术社区与社区美术馆的相关问题展开理论探讨。

一、从"社区艺术"到"艺术社区":美术馆实践的社区转向

(一)新博物馆学运动中的社区艺术

起源于欧美的"社区博物馆"和"生态博物馆"是与社区美术馆相关的重要实践,它通常被放置在有"第二次博物馆革命"③之称的新博物馆学(New Museology)运动的视域下来理解。事实上,新博物馆学正是建立在20世纪60年代以来欧美生态博物馆与社区博物馆的实践基础之上的,二者共同促成了新博物馆学运动的发端与发展。④博物馆实践和博物馆学理论在20世纪60至80年代欧美社会运动浪潮中的革新是新博物馆学诞生的重要背景。博物馆作为文化载体和具有"书写"艺术史功能的机构被推到革命的前沿。⑤新博物馆学对经典博物馆模式展开反思与批判,尤其质疑传统博物馆对价值、意义、控制、解释、权威性和真实性等议题的研究方式;它将博物馆视为具有政治议程的社会机构,强调博物馆在教育和社会角色上的转变,反对精英主义的博物馆,主张博物馆与其代表和服务的多元文化社群之间更紧密联系,关注社区的需求与发展,提倡大众化与民主化的价值。

1971年,法国学者雨果·戴瓦兰(Hugues de Varine)首次提出"生态博物馆"(eco-museum)的概念,来说明一种区别于传统博物馆关注具体物件与物品,对地

---

① 马琳,崔钰林.社区美术馆的参与式策展实践——以上海地区的艺术社区展为例[J].湖北美术学院学报,2021(03):34.
② 陈晓阳.城市、非城市与非地方:美术馆实践的"社区"转向[J].画刊,2020(7):32.
③ 曹意强主编.美术博物馆学导论[M].杭州:中国美术学院出版社,2007:5.
④ 1984年,首届"生态博物馆学和新博物馆学"研讨会在加拿大魁北克举办,会议发表了"新博物馆学"的纲领性文件《魁北克宣言》,"新博物馆学"则在次年召开的第二届研讨会上成为正式的国际组织。1986年,"生态博物馆"理论的创始人之一、法国博物馆学家乔治·亨利·里维埃的《生态博物馆——一个进化的定义》刊登于《中国博物馆》杂志,标志着欧美新博物馆学进入我国博物馆学界的学术视野。
⑤ 冀然.生态博物馆学——形成与演化的再思考[J].美术学报,2020(5):20.

方文化遗产进行整体解释的新思想。①生态博物馆的"生态"既指自然生态,也指人文和社会生态,呼应了20世纪六七十年代的环境保护主义热潮和平权运动,强调地方社区的全面参与,旨在提高社区的福利和可持续发展。②实际上,在这一概念被正式提出之前,生态博物馆的实践自19世纪末至20世纪中期便已在瑞典、德国、法国等地区开展。③总而言之,生态博物馆学的核心议题体现在社会史运动、地方价值发现、传统博物馆反思和生态环境议题等几个方面,表现出将地方"博物馆化"的理念与方法。④

在里维埃对生态博物馆学的阐释中,有以下几点⑤尤其值得注意:其一,对于地方居民而言,生态博物馆提供了作为"镜子"和"窗子"的功能——促进人们的自我认知(self-cognition)与自我教育(self-education)⑥,思考与该地方的联系,从而更好地理解自身与所处的环境。这是博物馆作为一个让人们得以"看见"自己与他人的媒介的作用。其二,生态博物馆是时间与空间的表达。这说明了它对在地性的强调。其三,生态博物馆具有实验室、储藏室和教育机构的功能。这提示了博物馆在传统的收藏、研究、展示与教育职能外,也能够作为新文化的发生场域。其四,生态博物馆重新激活地方文化,促进其多元性的发展与传递。在生态博物馆的意识与话语中,"在地性"的理念首次出现在博物馆机构的自我建构中。⑦如亨利·里维埃(Henri Riviére)所言,"新博物馆学运动是一种立场"⑧。总体而言,在20世纪60至80年代的历史发展中,以生态博物馆和社区博物馆为代表的新博物馆学体现出从以"物"为中心到以"人"为中心的转变,去中心化和文化民主化、重视博物馆的社会参与性成为其重要的价值旨归。

---

① 生态博物馆,在不同的国家和地区也体现出不同的目标诉求,如德国的"祖国博物馆"(homeland museum)侧重重建民族精神的传统,法国的"地方/乡村博物馆"(folklore museum)则强调"重回乡土"的民主取向。参见:尹凯. 生态博物馆在法国:孕育与诞生的再思考[J]. 东南文化,2017(6):97-102.
② Davis P. Ecomuseums: A Sense of Place [M]. Leicester University Press, 1999.
③ 如瑞典的"户外博物馆"、德国的"祖国博物馆"和法国的"地方/乡村博物馆"。
④ 参见尹凯. 生态博物馆在法国:孕育与诞生的再思考[J]. 东南文化,2017(6):97-100.
⑤ 里维埃对生态博物馆的相关阐述,参见:Alexandre Delarge. Des Écomusées, retour à la Définition et Évolution [J]. Culture & Musées, 2000: 141–152.
⑥ Pan S Y. Self-cognition and Self-education at Ecomuseum: From "Information Center" to "Cognition Center" [J]. 科学教育与博物馆, 2015(1): 35.
⑦ 冀然. 生态博物馆学——形成与演化的再思考[J]. 美术学报, 2020(5): 23.
⑧ Raymond de la Rocha Mille. Museums without Walls: The Museology of Georges Henri Rivière [D]. London: City University London, Department of Cultural Policy and Management, 2011.

同样，在20世纪60至70年代，在追求多元文化主义与文化民主化，以及行动主义艺术兴起的语境下，被视为社会边缘群体发声方式的社区艺术（Community Art）实践也滥觞于欧美。社区艺术通常指基于社区环境，以社区和基层为导向的艺术活动，特点是与社区互动和对话，通常涉及专业艺术家与社区居民的合作，倡导通过艺术促进建设性的社会变革。社区博物馆便是当时社区艺术运动中的代表性样态。成立于1967年的美国安那考斯蒂亚邻里博物馆（Anacostia Neighborhood Museum）是世界上第一个社区博物馆。这座位于华盛顿东南部的非裔美国人社区博物馆由美国史密森学会与安那考斯蒂亚社区合作创立。它开发了一系列关注非裔美国人历史与当地历史及文化艺术遗产的展览与公共教育项目，在社区赋权的理念下探讨社区的历史与问题，注重社区民众的共同参与，其关于社区博物馆的理念与实践很快在欧美各地引起反响与效仿。较之生态博物馆，社区博物馆较少涉及自然环境与自然遗产方面，而是着力解决人与社区和社会之间的问题（如住房、失业、教育、吸毒和犯罪[①]）。"社区博物馆是从底层产生，而不是自上而下强加的。"[②]它关心当地的、当下的社区，代表社区居民的共同利益，展示社区文化，注重增强居民对社区的归属感与认同感。20世纪80至90年代，世界范围内的社区博物馆迅速发展，从西欧、北美等发达国家扩展至南美、非洲等国家和地区。

进入21世纪，无论是政府还是研究者，对博物馆与社区关系的探索越来越重视。这从国际博物馆日主题的变化便可管窥：2001年国际博物馆日的主题即为"博物馆：建设社区"，2018年为"超级连接的博物馆：新方法、新公众"，2019年的主题解释为：博物馆在保持其原始使命——收藏、保护、交流、研究和展览的同时，也在逐步增加新的功能，使自己与所在社区保持更加紧密的联系。博物馆与社区、未来的关系得到强调。

（二）新类型公共艺术中的社区艺术

"新类型公共艺术"（New Genre Public Art）的概念由美国艺术家与教育家苏珊娜·莱西（Suzanne Lacy）在1991年提出。这类公共艺术区别于放置在公共空间中的雕塑那样的传统公共艺术，它是一种行动主义的、通常发生于体制结构之外的公共艺术，它使用各种传统与非传统的媒介，关注和处理紧迫的社会及政治问题，重视艺术家与多元化公众的直接接触和互动。公众参与策略是其美学语言的重要组成

[①] 张誉腾. 生态博物馆——一个文化运动的兴起[M]. 台北：五观艺术管理有限公司，2004：135.
[②] [法] 雨果·戴瓦兰. 未来的社区博物馆[J]. 宋向光，译. 中国博物馆. 2011（1）：54-58.

部分。①20 世纪 90 年代以来，欧美学界在理论上与"新类型公共艺术"形成呼应与参照的还有法国批评家尼古拉斯·伯瑞奥德（Nicolas Bourriaud）提出的"关系艺术"、美国批评家及艺术史学家克莱尔·毕晓普（Claire Bishop）的"参与式艺术"及美国理论家格兰特·凯斯特（Grant Kester）的"对话式艺术"和"合作式艺术"等。与"社区艺术"相似，新类型公共艺术的实践在 20 世纪 70 至 80 年代发展起来，并在当下保持着动态的活力与开放的可能性。从注重物理方面的艺术作品场域特定性，到注重地方与社区历史、社会和生态层面的"在地性"，从关注美学改造到关注社会改良。②

简而言之，无论是"社区艺术"，还是"新型公共艺术"等，它们在历史中都是实践先行的，并且在当下仍然处于变化着的运动状态中，因此其作为理论概念的内涵和外延也并不具有严格的定义。但它们都属于社会参与性艺术实践（socially engaged art practice），体现了当代艺术的社会转向（social turn）③。可以被理解为一种旨在"以艺术之名而达社会变革之实的激进文化运动"④，体现了左翼激进意识在当代文化艺术实践中的影响。

（三）从社区艺术到艺术社区：美术馆实践的社区转向

从中国社会参与性艺术脉络来看，本文所讨论的"艺术社区"是近年来继"艺术乡建"社会实践后突显出来的又一艺术介入实践类型。它既是对以往"艺术乡建"实践的反思与总结，也是现实社会发展的实际需要。⑤艺术社区语境下的社区美术馆不同于已经有着较长一段实践历史的，通常由政府主导的在城市中建立艺术区、艺术节和艺术展会，或是对特定城市空间（如老城区）进行艺术美化改造的模式。中国目前正在发生的美术馆的社区转向，应从新美术馆学视角下美术馆与社区之间的新关系来理解。

其一，对"艺术社区"的理解。自德国社会学家斐迪南·滕尼斯（Ferdinand Tönnies）之后⑥，现代社会学理论为"社区"提供了十分多元的界定，但其中有一

---

① Lacy S, ed. Mapping the Terrain: New Genre Public Art［M］. Seattle, Washington: Bay Press, 1995.
② 王洪义. 新类型公共艺术"新"在哪里？［J］. 公共艺术, 2020（6）: 9.
③ 艺术史学家克莱尔·毕晓普（Claire Bishop）在其 2006 年的文章《社会转向：合作及其不满》（The Social Turn: Collaboration and Its Discontents）中提出了当代艺术的"社会转向"。
④ 王洪义. 新类型公共艺术"新"在哪里？［J］. 公共艺术, 2020（6）: 10.
⑤ 耿敬. 关于"艺术社区"的几点思考［J］. 画刊, 2021（8）: 30.
⑥ "社区"（Community）概念进入中国缘于 20 世纪 30 年代费孝通对德国社会学家斐迪南·滕尼斯（Ferdinand Tönnies）著作《共同体与社会》（Gemeinschaft und Gesellschaft）的翻译与引介。

个要素始终是不可或缺的，即联结社区成员的纽带。正因为这一纽带的存在，社区才能算是拥有认同感和归属感的生活共同体。①"艺术社区"概念所涉及的"社区"，既不属于基层行政范畴的管理区划，也不是建立在无政府主义（Anarchism）基础上纯粹的艺术家群落。它是一种与社区成员日常生活密切相关的、塑造其高品质生活与归属感的"小家园"（little homeland）。②"艺术社区"不是行政管理意义的社区，但"艺术社区"可以植根于行政社区；虽然艺术社区不是单纯的艺术家群落，但艺术家群落却可以推进"艺术社区"的建构。③根据中国"艺术社区"理念提出者王南溟的观点，"艺术社区"是对那些在社区的公共文化生活与艺术项目互动后所形成的社区形态的指称。④"艺术社区"是一种以艺术的方式营造社区的努力实践。正因为社区的多种多样，社会工作的多种多样，"艺术社区"必然也是多种多样的。⑤"艺术社区"更像是一种关系性的时空，它可以存在于城市街区与乡村聚落的各个地方，可以以地域为依托，也可以不以地理条件为限而建构于各类行政组织或现代职业社区基础之上。

其二，对"社区美术馆"的认识。社区美术馆的功能不是直接将现成的展览放到社区里，也不是简单的"名家进社区"，更不是指艺术家居住在社区。从公共文化服务的角度来看，社区美术馆更加强调当下性，并因地制宜地挖掘空间进行公共文化服务内容上的创新；它不是单方面的专业输出，而是通过社会组织、社会动员和各种社会力量的参与，让社区拥有"家门口"的文化艺术生活。社区美术馆指向了区域特征上的而非行政级别上的社区治理。⑥

其三，"艺术社区"与"社区美术馆"的关系。有一种观点认为，社区美术馆在中国早已有之，依据是美术馆存在于社区区域中并成为社区的一个实体项目。这种观点的基础是"老美术馆学"的美术馆主体，它不同于以社区作为主体来建设社区美术馆的新属性。在老美术馆学的语境下，美术馆的公共职能主张通过一个区域的大型美术馆的配置带动所属社区，表现出地标式美术馆中心主义、文化等级制的特点。美术馆与社区的关系实际上是"美术馆在社区中"。在新美术馆学视域下，社区

---

① 耿敬. 关于"艺术社区"的几点思考［J］. 画刊, 2021（8）: 30.
② 同①.
③ 耿敬. 关于"艺术社区"的几点思考［J］. 画刊, 2021（8）: 33.
④ 王南溟. "艺术社区在上海：案例与论坛"为建构"艺术社区理论"提出新的思考［EB/OL］.（2020-08-12）［2022-11-16］. https://mp.weixin.qq.com/s/WjflKn0P_PJy2bNrXfmFVw.
⑤ 王南溟. 主体自闭症和主体排他症：社区主体论与社会学干预中的评价困境［EB/OL］.（2021-09-22）［2022-11-16］. https://mp.weixin.qq.com/s/4HNYKZBljJaS9pasl0-86w.
⑥ 王南溟. 社区决定我们：从大商圈的美术馆到社区商业体的美术馆再到居民区的美术馆［EB/OL］.（2021-09-23）［2022-11-16］. https://mp.weixin.qq.com/s/WzSaPp3PTHE1N7OYpHLHvw.

美术馆恰恰基于对上述关系的批判，并在此基础上真正发展出"美术馆与社区之间原本就是一体的"和美术馆去中心化、去等级制的观念。在这种视角下，"美术馆进入社区"是一种行为，突破了艺术自身的领域，在社区之中和不同社区之间引发艺术之外的非艺术的社会关联。因此，社区美术馆的理论与实践也体现了新美术馆学提倡的美术馆的空间精神与自我批判精神。这种空间精神指向了包括物理场所、社会心理、精神形态、文化标志等多向度的"公共空间"，以及对空间权力的反思。自我批判精神则是对美术馆体制和体制化的抗争。[①]

中国当下"艺术社区"构想的提出有其可行性前提。上海大学社会学教授耿敬指出，伴随中国社会经济的发展，构建高品质的生活社区不仅是人民群众的切实需求，也是国家建设与发展的目标。因此，如何构建更符合个体实际生活的社区，如何营造社区认同感、培养社区共同意识构建独特的社区文化，已成为社区治理的主题。在此背景下，可以通过社区的艺术实践与社区治理实践相结合，借助行政力量和组织资源，推进"艺术社区"的建构。当代艺术的发展使得艺术与社会生活、普通民众的结合成为可能，艺术的去中心化要求使艺术进一步获得了走入社区的可能。另外，社区自治的发展使得居民不仅被动员成为被改变的艺术主体，而且还成为"艺术社区"的推动者；社会力量在艺术融入社区的实践中也提供了不少具有可行性的经验与路径。

"艺术社区"概念的提出基于这样一种现实期待：艺术作为一种社会联结的纽带，能够促进人与人、人与社区、人与社会、人与自然之间的联结；推动"接地气"的艺术形式进入社区，给普通民众提供各种可能与机会，去参与并融入艺术之中，并让民众在参与和融入的过程中得以表达个体的情感、体味生活的愉悦。[②]艺术社区与社区美术馆呼应了"大家的美术馆""社会现场就是美术馆"和"有社区就是艺术"等具有当下性的新美术馆学理念。"如果我们用社会学的'助人自助'原则来引申的话，社区美术馆是'助社区自助'式的美术馆。它打破了美术馆与社区的边界，用"日常人类学"的方式催生出'艺术社区'，在其功能和运作的实践工作中，'艺术社区'为'社区美术馆'提供了最好的注脚。"[③]美术馆的社区文化建设是社区文化走出"白盒子"到社区后与美术馆的联动。社区文化根据美术馆的理念及自身特

[①] 王璜生."新美术馆学"与自我批判体制[J].画刊，2020（7）：20.
[②] 耿敬.关于"艺术社区"的几点思考[J].画刊，2021（8）：30-33.
[③] 王南溟.用展览厘清概念：作为新美术馆学的社区美术馆[EB/OL].（2020-08-13）[2022-11-16].https://mp.weixin.qq.com/s/Q9YDO2hV7Ox8hHKIykFGgA.

点展开。社区美术馆既是一种以社区为主体的项目，同时也是"美术馆+"的一种运营方式。这类实践的功能是双重性的：社区进入美术馆，美术馆进入社区；艺术家作品进入社区，社区的非艺术家作品进入美术馆。"它既把美术馆社区化，也把社区美术馆化"。① 可以说，艺术社区的营造是社区美术馆实践的价值目标，社区美术馆是艺术社区建设的载体、枢纽与方法。

二、"艺术社区"与社区美术馆的形态拓展

2018年以来，以"社区枢纽站"为代表的一系列社区美术馆被规划、被实践，并在上海的闵行区、浦东新区、宝山区等城市社区，以及上海周边的罗泾镇、浙江横渡镇等长三角乡村社区发展起来。根据不同社区的特点，建立起展览、工作坊、艺术节、公共教育活动等形态多元的在地项目。下文以其中的代表性项目为例，分析位于城市与乡村艺术社区中的社区美术馆的特点，以及流向城乡之间的社区美术馆的形态拓展趋势。

（一）城市与乡村艺术社区中的社区美术馆

"粟上海·公共艺术与社区营造计划"是上海刘海粟美术馆在2018年发起的城市更新和社区营造项目，倡导"社区美术馆不是冰冷的艺术展示空间，而是通过艺术和互动的方式呈现、述说、传递更有温度的社区历史、城市精神及人文关怀"，致力于将艺术植入上海城区的街巷里弄，通过空间改造、艺术创作、创意延展、社区互动的有机融合，提升社区品质，完善城市功能。"粟上海"艺术社区营造计划先后打造了位于愚园路的愚园美术馆②、江川路的红园美术馆、黄兴路的控江美术馆三个社区美术馆，以及"上海城市空间艺术季"委托策划的曹阳新村桂巷坊"桂巷菜场美术馆和艺术夜校"项目、上海市文旅局"社会大美育计划"项目之一的华阳路街道艺术项目等艺术社区项目。"粟上海"通过与专业美术馆、艺术与设计院校、建筑事务所、商业地产公司、文化管理部门、居委会、中小学等多元合作方的联动，围绕社区的地缘、业缘、趣缘构建人群关系，联结场景空间，链接情感关系③，发展出

---

① 王南溟."社区枢纽站"与美术馆化社区文化行为［J］.画刊，2018（7）：39–41.
② 由上海交通大学设计学院担任设计机构的"愚园"社区美术馆项目获得2022年第二届Active House Award（主动式建筑国际联盟）中国区空间竞赛金奖。
③ 粟上海.万般生活气，城市皆友邻［EB/OL］.（2021-09-06）［2022-11-18］. https://mp.weixin.qq.com/s/rrhlGbvSqwzmzkD7PHhXJA.

在社区当地招募素人策展人、本地艺术家担任社区美术馆轮值馆长、友邻在地调研与创新提案等创新形式。

2021年启动的上海陆家嘴老旧社区"艺术动员：当社区成为作品"项目，由深耕社区实践的陆家嘴社区公益基金会与浦东艺仓美术馆合作搭建，吸引美术馆出资在基金会设立专项基金，推动陆家嘴社区的公共艺术教育，激活社区素养。该项目的艺术社区实践包括以居民关心的话题为主题讲授亲子公共艺术课堂的课程，不定期组织居民前往上海大学博物馆等具有合作关系的美术馆观展，针对社区多毛巾厂、纺织厂退休工人的特点组织居民前往上海纺织博物馆参观专题展览，或是与美术馆合作在社区空间举办展览，等等。①

"粟上海"与"艺术动员"的系列实践在社区介入、社区动员、资源整合等方面为城市艺术社区营造提供了诸多可资借鉴的思路。它们以各种形态的"社区美术馆"建设和运营为载体，打破既有的美术馆场馆教育的边界，拓展外延，将美术馆汇聚的艺术资源通过有机转化，植入城乡建设和社会美育之中，探索艺术在城乡更新过程中的促进作用，发觉每一处在地属性，肯定艺术家、艺术作品、艺术活动在社区营建中的积极意义，以期在全民美育体系构建中形成一种新的公共艺术教育范式。②

在乡村艺术社区的实践中，社区枢纽站于2020年发起的"社会学艺术节 | 横渡乡村"项目值得关注。根据王南溟的观点，中国的艺术乡建在从2010到2020年的10年发展后进入了一个新的阶段，艺术乡建的学术议题也经历了3步发展所致：第一步是艺术人群在乡村景观和空间中的注入；第二步是在乡村美术馆展示当代作品以构成传统与当代的对话，并通过美术馆公共教育发展出乡村艺术助学这一核心内容；第三步是通过社会力量形成的综合能量在乡村进行艺术社区的营造。艺术家先行，各个专业的人士陆续加盟形成专家型志愿者群体，使艺术乡建的系统性建构越来越成熟。③横渡的乡村艺术社区实践诞生于从第二步走向第三步的背景之下。"横渡乡村"的首次落地实践是2021年在浙江三门县横渡镇落成的乡村美术馆及首届"横渡之春 | 社会学艺术节"。此次艺术节由上海大学社会学院教授耿敬与王南溟共同策划，主要活动包括横渡美术馆的开馆展"富了怎么办：费孝通图片展"和"我眼中的美丽乡村：村民手机摄影展"，在横渡镇中心小学举办的艺术家驻留创造和艺术家公

---

① 张佳华. 社会组织在艺术社区中的资源整合与社区动员［J］. 画刊，2021（8）：28—29.
② 王南溟. "艺术社区在上海：案例与论坛"为建构"艺术社区理论"提出新的思考［EB/OL］.（2020—08—12）［2022—11—16］. https://mp.weixin.qq.com/s/WjflKn0P_PJy2bNrXfmFVw.
③ 王南溟. 行动的"费孝通"：从城乡艺术社区到"社会学艺术节"［J］. 画刊，2021（8）：20.

共教育活动，以及"社会学艺术节丨横渡乡村"论坛和"新文科在横渡丨学生论坛"。

来自同济大学的设计团队配合论坛开展了"乡土花园节"活动：在横渡的普通农家庭院里，创造一个能让老乡们把家里养的花草盆栽进行展示的场所。这个看似简单的展览设计其实是对乡村景观精神的一次反思与重构。在既往的乡村艺术景观构建中，存在着照搬城市市政绿化模式的问题。村民往往也认为自己所生活的地方缺乏景观。"似乎农村没有什么好看的乡土植物，村民也不关注景观植物，但真实情况是我们能看出他们是有盆栽和园林情趣的。"① 因此，通过村民自己的园艺盆栽展览引导他们发现自身对景观的积极态度，进一步展示并调动村民对乡土景观植物的热情，成为"乡土花园节"景观场景的价值导向。

正如王宁指出的，艺术社区在乡村的建设要特别强调人的自立，不是从外部给乡民强加一个"艺术"的东西或品位，而是要让乡民自己意识到艺术能力的培养和艺术品牌的提升。通过艺术的建设，让村民参与到艺术当中，让他们意识到农民也可以有艺术体验非常重要，让阶层的区隔在艺术面前被克服掉，从而超越偏狭的本地意识。② 上述在横渡村民自家院子里举办的、发动村民自行组织与深度参与的展览可以被视为一种乡土美术馆与社区策展的新尝试。它并不需要在一个白盒子式的、庞大、中规中矩的现代美术馆建筑中进行艺术展示，而是将乡村里边边角角的生动的"现场"转化为日常展厅，在乡村里探索"生活现场就是美术馆"的可能。这既能培养当地村民"以我为主"的景观意识与文化自信，让他们意识到自己身边的、日常的在地乡土田园景观资源的美好，也能引导村民从"被景观化"向"自我景观化与自我呈现"转变，还能促进社会美育在乡村艺术社区的落实。这种"农家院子作为美术馆"和"家门口的展览"的模式，成为与横渡美术馆并行且互补发展的社区美术馆形式。

（二）流动于城乡艺术社区之间的社区美术馆

"边跑边艺术"是一个始于上海宝山区罗泾镇红花村③的艺术社区项目，由批评家、策展人王南溟创办的"社区枢纽站"组织发起，缘起是社区枢纽站与宝山区

---

① 董楠楠."非常规景观"视角实践在横渡乡村［J］.画刊.2021（8）：45.
② 王南溟.横渡乡村：用"社会学艺术节"答费孝通之问［J］.美术观察，2021（7）：37.
③ 罗泾镇2017年被国家住房和城乡建设部认定为第二批全国特色小镇，2021年入选第一批全国乡村旅游重点镇（乡）名单，并被上海市文旅局评为2021—2023年度"上海民间文化艺术之乡"。花红村2016年成为上海市"美丽乡村示范村"，是罗泾镇打造"五村联动"乡村振兴示范片区村落之一。参见上海市农业农村委员会"美丽家园"建设官网介绍：https://nyncw.sh.gov.cn/mljyjs_mlxcsfc/.

"美丽乡村徒步赛"①在 2018 年的合作。在社区枢纽站的建议下,徒步赛主办方邀请艺术家志愿者在徒步赛 4.5 公里行程所途径的罗泾镇草坪等公共空间,创作相关公共艺术作品。参与徒步赛的市民得以边运动边欣赏艺术作品并与之互动。"边跑边艺术"由此得名,并逐步发展为一个常态的艺术小组,成为上海公共文化服务体系创意中的参与者和实践者。②

"边跑边艺术"中的公共艺术作品与项目的创作、接受与传播体现出以下特点。一是作品全部基于艺术家志愿者对罗泾镇乡村的实地考察,强调地方性、针对性与原创性。譬如,上海美院雕塑系研究生于翔在罗泾考察时发现白鹭重现上海乡村的生态优化现象,因此使用环保材料创作了环保主旨的纸鸟雕塑。二是作品从主题、媒材到参与创作的人、创作的过程都与本地发生直接的关系。例如,罗泾镇花红村的非遗工艺"十字挑花"在艺术家梁海声的纸艺装置中得到转化;艺术家老羊的《长江蟹》则使用了当地的废旧钢铁与新鲜稻草来展现乡村经济风貌。三是不局限和停留在乡村现场进行"一次性"的作品创作与展示,而是通过美术馆公共活动等形式持续推动城乡文化与经济互动。例如,2020 年上海刘海粟美术馆举办的"档案视角:海上非遗摄影展"与"边跑边艺术"成果相结合,展示了花红村"十字挑花"的非遗摄影作品,创建了"十字挑花"传人工作坊。这促进了将上海城市人流与艺术生产力引入罗泾镇乡村,也将当地非遗带到上海市中心的美术馆的双向交流。

2019 至 2020 年,"边跑边艺术"小组相继参与社区枢纽站在上海宝山区月浦镇、庙行镇和高境镇举办的艺术社区活动,逐步形成驻留创作、工作坊、论坛等相结合的综合型艺术活动。③"边跑边艺术"不仅将艺术和自然引入市民体育活动中,为市民参与大地、人文和艺术的价值活动提供了一种新的方式,而且在艺术介入社区的过程中,将社会美育落地,开创了文体结合的新模式,实践了一种"艺术社区"在乡村现场与城市现场之间双向互动反馈的流动模式。不同于许村、石节子、羊蹬等在远离城市中心的偏远乡村展开的艺术乡建项目④,"边跑边艺术"在上海这样的一

---

① "美丽乡村徒步赛"是上海市宝山区"四季路跑"系列活动的一部分,由宝山区体育局、罗泾镇人民政府、宝山区农业农村委员会等联合筹划,倡导通过体育活动赋能乡村事业发展,激活乡村振兴新"引擎",建设城乡一体化的新宝山。至 2022 年,徒步赛已在罗泾镇连续举办 7 年。参见上海市宝山区人民政府官网介绍:https://www.shbsq.gov.cn/shbs/jcxx/20221107/350923.html.
② 马琳,吕涵.艺术进入社区新路径:以"边跑边艺术"实践为例[J].画刊,2021(8):37.
③ 马琳,吕涵.艺术进入社区新路径:以"边跑边艺术"实践为例[J].画刊,2021(8):35-38.
④ 李斯扬.关系美学视角下的"艺术乡建"[C]//2022 北大文化产业评论.北京:华文出版社,2022:48-70.

线城市周边探索了"身边的乡村与艺术乡建"的可能。

三、"艺术社区"与社区美术馆的功能转向

（一）共主体性、社区动员与自组织

1. 多元主体与互为主体

近年来，上海地区的艺术社区实践诞生了"社工策展人""社工艺术家"等新的角色，体现出艺术社区建设中的共主体性特点与艺术社会学转向。

王南溟提出，当前艺术社区建设对于社区主体性的理解，要从思维上克服社区主体自闭症和排他症，即要打破那种过于简单的居民主体论调，要看到复杂的主体间的关系，认识到主体不是一个自我封闭者，也不是一个唯我而排他者。居民、社会组织、政府、社工、艺术家、景观设计师、建筑设计师、社会学学者等相关专业人士和合作方，构成了艺术社区建设中的多元主体。他们之间是一种互为主体的关系。也就是说，艺术社区实践中的主体是以艺术媒介的方式组合成交流性的互为主体。这种互为主体，才是社区主体的当代话语。①

社区枢纽站团队在2018年与陆家嘴社区公益基金会、艺仓美术馆合作开设了"社工策展人"课题，将社会学中的"社工"专业与美术馆策展专业结合起来，旨在培养能够从社区治理角度来运作专业艺术项目的跨学科人才。社工策展人和社工艺术家首先是以志愿者的身份参与社区建设，这是对"社工"的基本要求，也是不同主体之间地位平等的要求。在艺术进入社区之后，如何让它扎根，原本是社会学家和从事社工服务的人应该探索的工作，而现在社工策展人和社工艺术家的角色也志在打通艺术学与社会学专业，兼顾艺术创意设计与社工行政。"只有懂艺术的人做社工才能在艺术社区的工作中带来专业性，他知道什么是专业的方向，找什么专家是合适的，怎样与市民和行政管理者解释才不会偏离艺术。而社工策展人也要求有专业美术馆的背景，只有这样，他才可以成为社区美术馆的专业主持人。"②社工化的策展人应当从公共文化服务的角度出发来寻找美术馆与社区的连接点，通过跨学科的策划为社区提供专业艺术内容和教育项目，并用尽可能通俗易懂和具有针对性的

---

① 王南溟. 主体自闭症和主体排他症：社区主体论与社会学干预中的评价困境［EB/OL］.（2021-09-22）［2022-11-16］. https://mp.weixin.qq.com/s/4HNYKZBljJaS9pasl0-86w.
② 同上.

方式与市民进行互动分享。①正如耿敬提出的,艺术家参与社区自治需要扮演双重角色,一是艺术家的角色,即以艺术家的身份为普通民众提供艺术作品,推动民众艺术欣赏水平的提升;二是社会工作者的角色,即能动员社区成员参与公共艺术创作活动,引导其从一个被动的艺术观赏者转变成一个主动的艺术活动参与者,让艺术及生活常留社区。这正是社工专业所倡导的"助人自助"的原则。如果艺术家能形成社工角色意识并能加以实践,一方面将逐步改变人们的某种误解:即"艺术下乡"只是艺术家将画板换成大地的单纯艺术行为;另一方面兼具社会改造意识的艺术家活动,对于丰富"后小康"时代中国人精神文化生活具有深远的影响。②

在城市艺术社区建设探索前行的同时,经过多年实践的中国艺术乡建行动已经打开了乡村艺术社区建设中艺术家与村民的双重演进机制。艺术家进入乡村不只是将当代艺术和公共教育带到乡村,也是在乡村现场不断激活历史意识与当代意识。乡村美术馆的建构在文化信息和交流上使村民获得平等的权利。艺术家参与乡建亦越来越注重文化和地域平等意识在作品中的注入。③如严俊所言,艺术乡建是一个实践中的"双向文化自觉":作为行动者的村民,需要在艺术家的启发与参与活动中了解自己,明确未来的方向;作为行动者的艺术家,也需要真正成为整体文化中的一员和村民站在一起,反思自己的价值与方法的意义。"艺术乡建"乃至"乡村建设",最终目标不是实现对传统的简单延续,而是要在互动中共同创造新的文化。④

2. 社区动员与自组织

社区建设不是抽象的名词,它体现了一批人所发生的地缘关系和互助合作关系。这关系社区的基本功能,也关系如何提高城市建设"人文关怀"的水平。⑤本文认为,艺术社区是一个各方持续参与和协商、具有共主体性的现场。在这里,艺术不是作为对象,而是途径和方法,是一种"动员"的机制。它鼓励和启迪多元主体自发地为特定社区的改变而付出努力、做出行动。艺术社区文化不是坐等来的,而是需要

---

① 王南溟.《社工"化策展人与公共文化服务体系创新:社区枢纽站之路[EB/OL].(2019-10-20)[2022-11-16]. https://mp.weixin.qq.com/s/v2dAJHYG8tpb80gEVY71hQ.
② 耿敬.社工艺术家:艺术家参与社区自治的角色定位[EB/OL].(2020-08-08)[2022-11-18]. https://mp.weixin.qq.com/s/nUtRyWrS3Mr8uRWldDZjWg.
③ 王南溟.行动的"费孝通":从城乡艺术社区到"社会学艺术节"[J].画刊,2021(8):21.
④ 王南溟.横渡乡村:用"社会学艺术节"答费孝通之问[J].美术观察,2021(7):37.
⑤ 费孝通.对上海市区建设的一点思考——在"组织与体制:上海社区发展理论研讨会"上的讲话[J].社会学研究,2002(4):5.

通过不断互动，寻找各种各样的生长点，将共识发展成新的出发点。①其中，社区动员与社区自组织正在成为城乡艺术社区建设中的有效机制。

社区枢纽站与上海陆家嘴社区公益基金会在 2020 年提出了"艺术动员：当社区成为作品"的艺术社区营造思路。与上文所述的共主体性相呼应，"艺术动员"主张艺术在社区营造中起发动机的引擎作用，发挥对多元主体的吸纳、发动和协同作用。这种动员不是一次性的而是连续性的，不是从外部植入的而是从内部的自组织工作开始的。②在艺术社区建设中，社区动员可以分为外部动员与内部动员。外部动员主要指动员社区周边的商业实体、企业、社会组织等力量；内部动员则是针对社区"围墙"内部的人进行动员。当下，内部动员正在成为艺术社区建设中愈加重要的力量。激发内部力量的行动便是"自组织"机制的培育。自组织通常是没有正式注册的社会组织，由数量不等的社区成员组成。费孝通认为，社区成员通过自己管理自己的事务，在各种协商和合作中找到合情合理的优化方案。这种互相协调的过程是社区的一个功能；这种自理的要求也是构成社区组织的新的因素。它能够从最基本的层面促进一种具有人文精神的、优化合理的社会生活。而要促进这种自我管理，需要找到与之相适应的组织形式。从艺术社区建设与社区治理的关系来看，社区美术馆等实践中的自组织机制正是一种促进社区自我管理的组织形式。正如费孝通所言，"居民作为完整意义上的市民参与社区管理"关键要靠文化认同，"在价值观、思想方法和生活方式上找到同一的感觉"③。自组织体现了社区建设对参与的强调。它重在通过建构以文化认同为基础的社区认同，激发社群成员自愿参与和自主选择所形成的内在动力，而不是来自强制性和约束性的外部压力。因此，它是社区能够持续建设、持续有活力的最重要的机制。自组织的培育也是一项长期性的工作，需要寻找相关的核心参与者，组织一系列的活动，才有可能产生黏性并被激活。④

在具体的实践中，不同社区依据自身特点及具体项目的特点，发展出多样的社区动员与自组织方法。譬如 2021 年，社区枢纽站团队在陆家嘴社区东昌大楼打造了"楼道美术馆"。东昌大楼在 20 世纪 80 年代是陆家嘴的制高点，曾作为东昌消防队的瞭望塔使用。在东园一村居委会社工谭嘉声眼中，30 年来，"从 24 米高的消防瞭

---

① 王南溟．"社区枢纽站"与美术馆化社区文化行为［J］．画刊，2018（7）：39．
② 王南溟．艺术社区与志愿者：实践展开的三个层面及框架［EB/OL］．（2021-01-05）［2022-11-16］．https://mp.weixin.qq.com/s/mrRgWli—lbj21oHfP1_pg．
③ 费孝通．对上海市区建设的一点思考——在"组织与体制：上海社区发展理论研讨会"上的讲话［J］．社会学研究，2002（4）：4-5．
④ 张佳华．社会组织在艺术社区中的资源整合与社区动员［J］．画刊，2021（8）：29．

望塔到632米高的上海中心大厦,一道跳跃的弧线掠过时空,宛如重温浦东开放以来的华丽转身",将这个50平方米左右的楼道空间改造为楼道美术馆的灵感正是基于东昌大楼内外的世纪变迁。居委会通过展出当时的消防瞭望兵所拍摄的老照片及口述史料等,反映了浦东的发展,唤起本地居民的共同记忆。[①]这个另类美术馆成功构建起一种有温度的活态公共空间和社区价值认同。它也吸引了在大楼居住了20多年、年近七旬的老居民叶芝英主动请缨担当美术馆的"在地馆长"。

与楼道美术馆在展览完成后吸引居民自发参与日常管理不同,横渡镇的"社会学艺术节"则将重点放在"作品"的生成过程中的动员参与上。艺术家李秀勤和策展人王南溟在实地考察后,决定将被随意摆放在横渡美术馆前的一棵千年沉木大树干做成一件雕塑与行为相结合的作品。他们策划发动了100位横渡村民共同抬动这棵大树,实施过程中担任指挥的村民站在树干上,其余村民在他的号子下一点点将树干抬到计划的位置。"百位村民抬树干的这个过程和行为,且不说从视觉上非常壮观,能够发动100位村民来抬这棵树干本身就是一件非常有意义的事情。这棵树干有千年的历史,它本身就很有价值;这棵树干已经不是普通的树干,村民的行为也不仅是抬树干的行为。整个过程已经变成了这次'社会学艺术节'的行为过程的作品,它的意义已经完全不一样了。"[②]在王南溟看来,这件行为作品也是横渡美术馆的村民劳动气质的体现。[③]这里的重点在于行动本身,而非输出特定形式的作品。重要的是多元主体在社区中共同策划、共同参与、共同行动的过程;重要的不是具体的"艺术",而是通过艺术的发动机制推动社群获得自己行动起来的平台、意愿与能力。

(二)微介入与微更新

1. 微介入

艺术社区营建中的"微介入"主要体现了以下特点:一是让社区居民发挥更大的自主性与更充分的参与性,减弱艺术家、策展人等专业人士的主导作用。[④]二是在尊重和保护原有生态与原有景观的基础上进行轻量化的艺术介入,通过微介入激发社区成员"重新发现自身"的目光与心态,将外部介入转化为内部生长。三是注重介入的持续性、长期性,重视介入效果的循序渐进与点滴积累,反对速成式、入侵

---

① 翟群. 从"艺术进社区"到"艺术社区"[N]. 中国文化报, 2021-11-14 (001).
② 马琳,吕涵. 艺术进入社区新路径:以"边跑边艺术"实践为例[J]. 画刊, 2021 (8): 38.
③ 王南溟. 行动的"费孝通":从城乡艺术社区到"社会学艺术节"[J]. 画刊, 2021 (8): 21.
④ 范晓莉. 新类型公共艺术对社区空间的微介入研究[J]. 公共艺术, 2020 (6): 41.

式的介入。

　　以同济大学建筑与城市规划学院的团队在横渡乡村的田园实验为例。在设计师董楠楠看来，乡村艺术社区建设中的一个关键问题是：乡村并不需要城市意义上的园林绿化景观营造，山水农田本身即乡村主导性的"景观"。这种"非正规景观"视角下的田园景观为塑造乡村特定的景观空间提供了可能。具体而言，这种微介入思路主张"做减法"的基本设计原则，"让乡村原有的一切尽量都保留在那里，尽可能轻量化地去介入，且所有使用的材料都不能影响耕地和农田；也就是说，我们不能在这里用塑料的设施，也不能在这上面喷漆，更不能在这里做钢管"。[①] 在横渡镇村口的农家院子里，设计师发现从这里看出去的景致似乎包含了所有应有的乡村景观：山水、农田、道路、民居。那么，"为什么还需要在院子里做一个新景观？我们只要把这些美景引进来就可以了。"《背影花园》便基于这种"不是造一个新的景观，而是引入原有的本土景观"的观念而诞生：在院子外的路旁立起一个形似拱门的圆圈，人们站在拱门前向远方望去，视线便会被引导到那片集合了横渡生产、生活、生态的基本要素的田园风光。《背影花园》的材料来自村里的竹与木。细节的设计与具体的制作则由村里的竹匠、瓦工等工艺达人来实现。这样，不仅是乡村中原本被忽视的"景观"被重新看到，那些似乎司空见惯的本地技艺也重新进入人们的视野。"我们希望村民能通过这个作品，换个视角看他们身边的乡村——这山、这田、这路和那远处的村屋。我们更希望村民能透过它看到这乡村中逐渐淡去的手艺，这些手艺仍然能为生活创造美好的能量。"[②] 进一步看，这种微介入原则下的艺术社区营造，也有助于在横渡镇推动乡风与历史文脉传承场景建设，发展深入农家的深度体验游和短期游赏相结合的旅游发展模式。例如，打造可供游客体验打卡的乡村竹艺、花卉DIY等手工艺工作坊。[③]

2. 微更新

　　艺术社区的"微更新"之"微"，一方面指资金规模的小，一方面指老旧社区中可供更新的空间的小，以及更新规模与程度的小。2018年以来，在艺术社区建设与上海老旧社区改造结合的实践中，提出了对于微更新的进一步思考与推进。

---

① 董楠楠. "非常规景观"视角实践在横渡乡村 [J]. 画刊. 2021（8）：43-44.
② 董楠楠. "非常规景观"视角实践在横渡乡村 [J]. 画刊. 2021（8）：45.
③ 张紫鹇，李永浮，王子璇. 多中心治理视野下乡村治理模式研究——以浙江省三门县横渡镇为例 [J]. 上海城市规划，2021（6）：36-42.

一是对"硬微更新"和"软微更新"的区分。根据王南溟的观点①,"硬微更新"是指通常与传统的建筑景观设计结合在一起的,以设计师的景观设计意图为主导的,有形的、外观上的更新;"软微更新"则侧重艺术进社区以后"艺术社区"内容与精神的更新,更多是非外观、非表面、非速效的。"软微更新"不能停留于景观设计层面的变化,而是首先从非景观层面来思考社区内部结构与内部生活空间的重新设计。"软微更新"是从社区内部生长出来的,包含了社区互动的内容,因此也是"参与式社区规划"和公民意识培育的关键机制。"软微更新"并非对"硬微更新"的替代,而是互渗与互补。强调"软微更新",有助于改变社区更新中只有或只注重"硬微更新"的问题,从程序上实现"从软微更新开始,再到硬微更新""从软微更新中自然生长出来的硬微更新"。

二是微更新的主体变化。与软微更新的提出相适应,社区更新的参与主体从原本的主管、设计师、包工头转变为由市民主导的专业艺术家(艺术家型设计师)与居民的合作。"也许'硬微更新'是艺术家的一件社区作品,能让市民参与其中,而'软微更新'则让艺术家成为市民的助手。"②此外,微更新倡导不同社会力量的进入与共生,形成一种跨学科的实践。用社会学、美术馆学、景观设计学等多学科的横向拉通,激发不同专业人士的共同参与。

三是从微更新到再微更新。社区微更新机制包括了社区动员的工作。"再微更新"便是在社区动员的基础上进一步实现民主化,让微更新真正落实到社区自治的环节中,推动"参与式社区规划"。因此,再微更新也是在上述过程中不断推进的一种层层累加的、循序渐进的、软硬结合的微更新运作方式。

四是微更新景观从艺术设计景观到人类学和社会学景观转变。这意味着"艺术社区"的建设并不只是"艺术进社区"的简单形式,也是社区治理功能生成的一种方式。

在社区枢纽站发起的"艺术动员:当社区成为作品"社区规划中,陆家嘴东昌新村原本的垃圾堆放处被更新为多功能停车棚便是微更新机制的具体案例。东昌社区紧邻陆家嘴金融区环球金融中心等大型地标建筑,夜间高楼建筑的明亮灯光与老社区的面貌形成了鲜明反差,因此居民将这一停车棚命名为"星梦停车棚"。通过与

---

① 王南溟. 上海大学博物馆对陆家嘴老旧社区的介入:从社区规划到艺术社区规划[J]. 画刊, 2021(2): 61–62.
② 王南溟. 上海大学博物馆对陆家嘴老旧社区的介入:从社区规划到艺术社区规划[J]. 画刊, 2021(2): 61.

上海大学博物馆的合作,该车棚被设计为兼有展陈功能的展厅,并在2021年借助博物馆的学术资源举办了"三星堆:人与神的世界"特展。这次微更新的挑战在于将一个明显不具备展览条件的地方转变为展厅,凸显了在社区更新中打破常规设计思路的必要性。上海博物馆的展陈设计合作方通过定制展架与车棚挡板的结合、展架内置照明形成车棚内的共同光效、展览视频制成投影在车棚内播放等巧妙设计,首次探索了居民停车棚作为展厅兼用的可能性。

艺术社区中的微介入与微更新,体现的不仅有"介入"观念的转变,也有"设计"观念的转变。"艺术介入"从一种外部干预的"挪置"或"放置"模式,转变为催生内部生发的"种植"模式。"艺术设计"从狭义的艺术作品设计,拓展为对社区文化形态、生活方式和精神气质的艺术驱动式的整体设计。

四、结 语

在今天,"艺术"已成为一个共享的、全面开发的、不受地理位置和知识背景所局限的过程。① 而美术馆也已经成为跨越学科与专业限制的文化载体,成为参与和推动中国公共文化服务、公共政策制定、公共行政创新的重要力量。对社会治理的认识扩大了社区美术馆在中国当代文化历史活动中的参与性,也加强了人们对美术馆功能的认识。② 美术馆进入社区一定是先在当代艺术打破边界的自我批判中进行的。它让公共项目、社区调查、社会舞剧等诸层面都能通过社区美术馆的发起而展开,成为美术馆的公共艺术教育内容。美术馆在其中成了一个枢纽。③

社区美术馆与艺术社区的建设,促使我们从一个特定的视角继续思考费孝通先生提出的问题:在信息时代和数字化时代,社区的意义是什么?社区建设的意义是什么?人和人之间的关系有什么不同?个人和社会的关系有什么变化?④ 中国当下的"艺术社区"是一个无法被固定描述的动态关系,是一项致力于平等的行动。它以一

---

① 王南溟. 社会现场就是美术馆——王南溟在复旦大学的演讲[EB/OL]. (2020-09-15) [2022-11-16]. https://mp.weixin.qq.com/s/Kkhcx2wboMlJ-j--B8t2eg.
② 王璜生. "新美术馆学"与自我批判体制[J]. 画刊, 2020 (7): 23.
③ 王南溟. 美术馆的公共教育与艺术进社区:社区枢纽站的实践[J]. 中国美术馆, 2019 (5): 111.
④ 费孝通. 对上海市区建设的一点思考——在"组织与体制:上海社区发展理论研讨会"上的讲话[J]. 社会学研究, 2002 (4): 5.

种可能性的态度在声明——文化不存在行政级别，文化自身的创新价值决定一切①。社区的不同状况决定了美术馆社区化在内容和方法上的不同。但无论如何，社区美术馆要有分析社区的能力，能够针对不同社区的不同脉络进行学术思考，才不至于使美术馆的社区化流于表面，或者与现有的社区不合拍。这样一种艺术社会学的理论与实践并不是假想或空想，而真正是田野调查式的规划与行动。正如王南溟指出的，艺术社区和社区美术馆是在中国的现场出现的概念和命题，要了解它的问题出发点在哪里，内容和范围是如何组成的，指向是什么。②由此，我们会看到，一种艺术社区视域下的社区美术馆，以及艺术推动社区建设的新路径，正在当代中国的城乡大地上以本土在地性和原创性的姿态蓬勃生长。

【参考文献】

［1］［德］斐迪南·滕尼斯.共同体与社会［M］.林荣远，译.北京：北京大学出版社，2010.

［2］［法］雨果·戴瓦兰.未来的社区博物馆［J］.宋向光，译.中国博物馆，2011（1）：54-58.

［3］曹意强主编.美术博物馆学导论［M］.杭州：中国美术学院出版社，2007.

［4］陈晓阳.城市、非城市与非地方：美术馆实践的"社区"转向［J］.画刊，2020（7）：32-36.

［5］董楠楠."非常规景观"视角实践在横渡乡村［J］.画刊，2021（8）：42-45.

［6］范晓莉.新类型公共艺术对社区空间的微介入研究［J］.公共艺术，2020（6）：39-43.

［7］费孝通.对上海市区建设的一点思考——在"组织与体制：上海社区发展理论研讨会"上的讲话［J］.社会学研究，2002（4）：1-6.

［8］耿敬.关于"艺术社区"的几点思考［J］.画刊，2021（8）：30-33.

［9］李斯扬.关系美学视角下的"艺术乡建"［A］.北大文化产业评论2022［C］.北京：华文出版社，2022：48-70.

［10］马琳，崔钰林.社区美术馆的参与式策展实践——以上海地区的艺术社区展为例［J］.湖北美术学院学报，2021（3）：34-38.

［11］马琳，吕涵.艺术进入社区新路径：以"边跑边艺术"实践为例［J］.画刊，2021（8）：34-38.

---

① 王南溟.作为"致力于平等"可能性的"艺术社区"［EB/OL］.（2020-11-03）［2022-11-16］.https：//mp.weixin.qq.com/s/fhKPl_4reCKZ-7Vt0tDhjA.

② 王南溟."艺术社区在上海：案例与论坛"为建构"艺术社区理论"提出新的思考［EB/OL］.（2020-08-12）［2022-11-16］.https：//mp.weixin.qq.com/s/WjflKn0P_PJy2bNrXfmFVw.

［12］阮竣，Killiana Liu.艺术介入社区的文化营造［J］.建筑实践，2021（2）：56-63.
［13］王洪义.新类型公共艺术"新"在哪里？［J］.公共艺术，2020（6）：6-13.
［14］王璜生."新美术馆学"与自我批判体制［J］.画刊，2020（7）：19-23.
［15］王南溟.美术馆的公共教育与艺术进社区：社区枢纽站的实践［J］.中国美术馆，2019（5）：111.
［16］王南溟.行动的"费孝通"：从城乡艺术社区到"社会学艺术节"［J］.画刊，2021（8）：20-21.
［17］王南溟.横渡乡村：用"社会学艺术节"答费孝通之问［J］.美术观察，2021（7）：36-37.
［18］王南溟.上海大学博物馆对陆家嘴老旧社区的介入：从社区规划到艺术社区规划［J］.画刊，2021（2）：60-63.
［19］王南溟."社区枢纽站"与美术馆化社区文化行为［J］.画刊，2018（7）：38-40.
［20］王宁.发展的两个尺度——麦克斯-尼夫"以人为尺度的发展"理论述评与扩展［J］.广东社会科学，2019（4）：178-187.
［21］王宁.纠正发展观念误区，加强艺术社区建设［J］.画刊，2021（8）：22-25.
［22］冀然.生态博物馆学——形成与演化的再思考［J］.美术学报，2020（5）：18-25.
［23］尹凯.生态博物馆在法国：孕育与诞生的再思考［J］.东南文化，2017（6）：97-102.
［24］张佳华.社会组织在艺术社区中的资源整合与社区动员［J］.画刊，2021（8）：26-29.
［25］张誉腾.生态博物馆——一个文化运动的兴起［M］.台北：台北五观艺术管理有限公司，2004.
［26］翟群.从"艺术进社区"到"艺术社区"［N］.中国文化报，2021-11-14（001）.
［27］张敦福.费孝通晚年思考的再讨论：乡村社会的生产、消费与休闲［J］.画刊，2021（8）：46-49.
［28］张紫鹇，李永浮，王子璇.多中心治理视野下乡村治理模式研究——以浙江省三门县横渡镇为例［J］.上海城市规划，2021（6）：36-42.
［29］董怿翎.公共艺术走进社区：塑造人与地方的情感联系，澎湃新闻，https：//www.thepaper.cn/newsDetail_forward_15731611，检索日期：2022年11月18日.
［30］耿敬.社工艺术家：艺术家参与社区自治的角色定位，"艺术社区在上海：案例与论坛"，刘海粟美术馆，https：//mp.weixin.qq.com/s/nUtRyWrS3Mr8uRWldDZjWg，检索日期：2022年11月18日。
［31］粟上海.万般生活气，城市皆友邻，粟上海，https：//mp.weixin.qq.com/s/rrhlGbvSqw-zmzkD7PHhXJA，检索日期：2022年11月18日。
［32］王南溟.艺术社区与志愿者：实践展开的三个层面及框架，［EB/OL］.https：//mp.weixin.qq.com/s/mrRgWli--lbj21oHfP1_pg，检索日期：2022年11月16日。
［33］王南溟."社工"化策展人与公共文化服务体系创新：社区枢纽站之路，当代艺术上海，https：//mp.weixin.qq.com/s/v2dAJHYG8tpb80gEVY71hQ，检索日期：2022年11月16日。
［34］王南溟."艺术社区在上海：案例与论坛"为建构"艺术社区理论"提出新的思考

[EB/OL]. https：//mp.weixin.qq.com/s/WjflKn0P_PJy2bNrXfmFVw，检索日期：2022 年 11 月 16 日。

[35] 王南溟. 主体自闭症和主体排他症：社区主体论与社会学干预中的评价困境［EB/OL］. https：//mp.weixin.qq.com/s/4HNYKZBljJaS9pasl0-86w，检索日期：2022 年 11 月 16 日。

[36] 王南溟. 社区决定我们：从大商圈的美术馆到社区商业体的美术馆再到居民区的美术馆［EB/OL］. https：//mp.weixin.qq.com/s/WzSaPp3PTHE1N7OYpHLHvw，检索日期：2022 年 11 月 16 日。

[37] 王南溟. 用展览厘清概念：作为新美术馆学的社区美术馆［EB/OL］. https：//mp.weixin.qq.com/s/Q9YDO2hV7Ox8hHKIykFGgA，检索日期：2022 年 11 月 16 日。

[38] 王南溟. 作为"致力于平等"可能性的"艺术社区"［EB/OL］. https：//mp.weixin.qq.com/s/fhKPl_4reCKZ-7Vt0tDhjA，检索日期：2022 年 11 月 16 日。

[39] 王南溟. 社会现场就是美术馆——王南溟在复旦大学的演讲［EB/OL］. https：//mp.weixin.qq.com/s/Kkhcx2wboMlJ-j--B8t2eg，检索日期：2022 年 11 月 16 日。

[40] Pan S Y. Self-cognition and Self-education at Ecomuseum：From "Information Center" to "Cognition Center"［J］. 科学教育与博物馆，2015（1）：35.

[41] Davis P. Ecomuseums：A Sense of Place［M］. Leicester：Leicester University Press，1999.

[42] Raymond de la Rocha Mille. Museums without Walls：The Museology of Georges Henri Rivière［M］. London：City University London，Department of Cultural Policy and Management，2011.

[43] Lacy S，ed. Mapping the Terrain：New Genre Public Art. Seattle［M］. Washington：Bay Press，1995.

觉醒、内省与消距：中华传统文化自媒体跨文化传播的理论回溯及启示

秦璨[①] 陈乐洋[②]

（江西师范大学，南昌 330022；星海音乐学院，广州 510006）

【内容提要】 中华优秀传统文化是中华民族的文化内核和精神命脉，是增强国家文化软实力的必然支撑。媒介化与全球化是当前跨文化传播研究的基本理论背景。本文立足当前中华传统文化的自媒体跨文化传播实践，从个体意识的"觉醒"、自我认识的"内省"、文化交际的"消距"回溯了中华传统文化自媒体跨文化传播的相关理论。为在自媒体跨文化传播语境中更新传统文化的符号表达、提升传统文化的传播效果、建构传统文化的价值认同提供了一定的理论依据与实践启示。

【关键词】 中华传统文化；自媒体；跨文化传播；世界公民；消距

Awakening, Introspection and Distance Elimination: The Theoretical Source and Enlightenment of Personal Media Cross-cultural Communication of Chinese Traditional Culture

Abstract: The excellent traditional Chinese culture is the cultural core and spiritual lifeline of the Chinese nation, and is an inevitable support for enhancing the country's cultural soft power. Media and globalization are the basic theoretical background of current

---

① 秦璨，男，汉族，籍贯云南镇雄，江西师范大学音乐学院播音与主持艺术专业教师，博士，讲师，硕士研究生导师，江西省高层次引进人才，中国高校影视学会会员，江西省电影家电视艺术家协会会员。主要研究方向：影视传播、跨文化传播。
② 陈乐洋，女，广东潮州人，讲师，文化产业研究博士，星海音乐学院艺术管理系专任教师兼校团委副书记。研究领域：剧院管理与品牌营销、艺术管理与表演艺术产业。

cross-cultural communication research. Based on the current Personal media cross-cultural communication practice of Chinese traditional culture, this paper traces the relevant theories of Personal media cross-cultural communication from the "awakening" of individual consciousness, the "introspection" of self-awareness, and the "elimination" of cultural communication. It provides certain theoretical basis and practical enlightenment for updating the symbolic expression of traditional culture, improving the communication effect of traditional culture, and constructing the value identity of traditional culture in the context of Personal media cross-cultural communication.

Keywords: Traditional Chinese culture; Personal media; Cross cultural communication; World citizens; Vanishing distance

中华优秀传统文化是中华民族的文化内核和精神命脉，也是中华民族特有的精神标识，更是增强国家文化软实力的必然支撑。习近平总书记将中华优秀传统文化概括为"中华民族最基本的文化基因"，并多次就弘扬中华优秀传统文化作出重要指示批示。① 2021年5月31日，习近平总书记在中央政治局第三十次集体学习时强调："要更好推动中华文化走出去，以文载道、以文传声、以文化人，向世界阐释推介更多具有中国特色、体现中国精神、蕴藏中国智慧的优秀文化。"在传承与发扬优秀传统上升为国家战略、"一带一路"倡议进入布局阶段的时代背景下，需要我们从多元的主体视角，立足中国文化的深厚根基，着眼全球，打破他国看待中华传统文化的刻板印象与偏见，讲好中国故事，发出中国声音。

"媒介化"无疑已经是跨文化传播的当代特征，加速了跨文化传播构成要素（认知要素、言语语言、非言语语言）的嬗变。短视频和社交媒体具有内在的以个体为主体的跨文化传播力。在全球一体化的趋势下，自媒体重塑了中国传统文化跨文化传播的格局、思路和实践方式。自媒体打破了传统的跨文化媒介传播的格局，也促使其产生新的变化。这一变化为中华传统文化的跨文化传播带来了新的可能，通过共享技术促进了文化交流，并试图突破文化边界、消融文化隔阂、搭建分享管道。在此背景下，我们需要通过自媒体的跨文化传播重塑中华传统文化的世界联结与价值认同，打破他国看待中华传统文化的刻板印象。从而建构起一个真实立体、博大

---

① 龙小农. 探源中华文明 坚定文化自信 [J]. 党课参考, 2022 (13): 10-25.

深厚、多姿多彩的中华文化形象。

一、"危机"与"转机"：中华传统文化的自媒体跨文化传播实践

因历史人文、经济社会、人种特质、地理边际等不同，不同文化之间拥有难以融合的排他性与异质性。文化差异难以消除，使文化冲突与围墙的存在有了客观必然性。文化霸权与文化的民族中心主义（ethnocentrism）又使不同文化间的"围墙"不断被加深与筑高。在全球化背景下，中华传统文化的跨文化传播在互联网的加速下越来越呈现出媒介化的特征。其中，在自媒体的跨文化传播语境中，中华传统文化多次面临"危机"，但也迎来了新的"转机"。

言其"危机"。首先，自19世纪中叶以来，西学东渐，西方思想文化观念强势入侵，进而形成文化霸权和话语霸权。中华优秀传统文化的内在精神与意蕴在中西文化碰撞和交融中逐渐丧失自己应有的品格。在自媒体的跨文化实践中，西方媒体依然处于强势地位，"文化霸权主义"依然存在。同时，西方受众对中华传统文化的认知依然存在着"落后""封建""保守"等刻板印象，由于文化语境的巨大差异，使西方受众的文化排他性被自然放大。

其次，就当前的自媒体跨文化传播实践来看，中华传统文化在传播过程中不够全面、立体与生动。在"他者"视角中，中国传统文化形象更容易被"物化""标签化""片面化""区隔化"。国际社会所感知的中华传统文化的内涵与其精神实质差距甚远。中华传统文化传播未能真正做到中华传统文化的核心价值与精神内核的传递。这也使海外受众未能真正理解中华传统文化，未能实现对中华文化形象的认知与好感的提升。

最后，从主体实践层面看，尽管中国媒体的跨文化传播能力持续提升，但文化误读和文化冲突的事件仍然频发。如中国国际电视台（CGTN）在Facebook（脸书）平台上发布的"一带一路"主题短视频，被海外受众质疑"真实性"。在受众评论中甚至出现了"一带一路"倡议是中国的TPP战略（China's TPP）等错误言论。由于叙事视角较为单一，使受众质疑其作为新闻的客观性。因此，新闻叙事的全面性和中立性有待加强。

据此可知，自媒体的出现虽重构了跨文化传播的格局，却也不一定能促进文化间意义的生成与流动，甚至会加大文化间的隔阂与误解。"跨文化虚拟共同体的冲突

呈现新表征，新媒体会便利跨文化沟通的效率，但不一定带来文化间的深层交流和理解。"①

言其"转机"。首先，在全球信息加速流动的跨文化环境中，"民族中心主义"与"文化霸权主义"被逐渐瓦解。自媒体的交互性、实时性，信息的海量性、共享性，使其在个人化与社群化的交互空间中具有很好的裂变效果，能更好成为文化传播的搭载平台。自媒体不仅可以扩充跨文化传播的内容，并且能够将传统与现代结合，运用当前的数字技术，提升传播内容的立体化与形象化，提供全方位、多感官的文化体验。自媒体使不同文化要素在跨文化传播中的流动更快捷与广泛，影响范围更大。

其次，自媒体对传统的跨文化交际进行了媒介化语境中的再造。在新旧媒体的发展与融合中，自媒体逐渐展现出了个人化、融合性与多维文本性的特征。如各类海外社交平台上的中国博主，规避了对外传播中的政治性、目的性和功利性，体现了跨文化传播的自觉性与自发性。就传播内容来看，自媒体通过一系列风格化、IP化、视觉化的营造，更受到外国受众的青睐。这使得文化传播不再是硬性输出，而是平等交流、求同存异，强调在传播过程中文化意义的分享与文化隔阂的消除，力图降低交际过程中的屏障与冲突。

如前文所述，为何中华传统文化在多年的跨文化传播中依旧陷入"紧张"与"尴尬"中呢？究其根本，在于文化的"民族中心主义"倾向使文化本身就具有排他性与主观性。文化的核心是价值观。在跨文化的语境中，当我们试图去理解异文化时，总是用自身的固有观念与习惯去观察与评价他者，以致形成刻板印象，甚至戴着有色眼镜看待不同地域和民族的文化。当同一文化的众人达成一致时，文化的偏见与歧视也就形成并固定了。这种固有的观念很难在短时间内消除，而不断加深的刻板印象又使文化间的围墙不断高筑，成为全球化背景下跨文化传播的内在阻碍。

综上，海外自媒体已成为中华传统文化跨文化传播的又一重要渠道。在传播实践中，虽然存在诸多不足，但总的来说，从认知到态度再到行为意向，中华传统文化的自媒体跨文化传播的确取得了良好的效果，基本达到了跨文化传播的核心预设——减少认知偏差、理解差异及文化冲突，促进了传统文化对外交流与融合，使传统文化的跨文化传播迎来了新的"转机"。

---

① 肖珺，胡文韬.新媒体跨文化传播的难点及其理论回应［J］.新闻与传播评论，2021，74（01）：107–117.

二、个体意识的"觉醒":世界公民的自我表达

自媒体重新定义了文化认同与公民社会,并力求寻找出一种新的跨文化互动方式,为成员提供了一种新的身份与文化认同的权利。自媒体的快速扩张,使跨文化语境中的交流真正从交际变成了传播。信息传输速度的加快,必然会使国家跨文化传播主体不再是民族文化传播单一的主体。跨文化传播出现了以"个体"为传播驱动力与主体性的新局面。

"世界公民"是康德哲学思想中核心的概念。[①] 他认为每个人都拥有自由交往的权利,即通过语言或非语言进行自我表达,传递思想。这是促成理性禀赋自身成熟的基础。根据这一理论,任何个体都拥有对外交流沟通的基本权利。这一交流的行动又促成了文化与思想的传播与流动,使人进行自我认知和反思。可以说,跨文化交流的哲学前提是个人的世界公民权。我们在研究跨文化传播的主体时,个人渴望交流的意识与权利是不能被忽视的。在跨文化传播全球化的趋势与社交媒体的快速发展下,"个体"成为跨文化传播的中坚力量。如众多中国视频博主,在海外社交媒体中脱离了"民族—国家"的国际传播主体性叙事后,实现了从普通自媒体创作者到中华传统文化代表者的身份转变。其视频表达中的文化符号也被国外社交媒体用户认识、讨论和分享。

此外,跨文化传播在自媒体的驱使下,交互性已成为主要特征。在多重后现代思潮与反叛精神的冲击下,在自媒体碎片化与多元化的传播体系下,自媒体重塑了跨文化传播生态。自媒体增强了跨文化传播主体的敏感性,提升了互联网公民的跨文化适应力。自媒体平台的跨文化传播具有较强双向性,反馈与互动愈加频繁。用户在平台上的分享与社交,可以使博主更便捷、频繁地与受众进行讨论交流,加速了"符号互动",扩充了双方共通的意义空间。

同时,这种交互性的特征,不得不让我们重新思考与定义跨文化传播中"自体"与"他者"的关系。传统意义上的传播主体与接受客体不再是主被动关系,而互为传播共同体。信息在"传播—反馈"中得到流通与加强。就传统的"主—客"的传播方式而言,"他者"只能被动接受信息。在传统文化的对外传播中,我们只重视表达自我的观点,而忽略倾听"他者"声音。自媒体的出现无疑使传播者不仅需要重视观点的自我表达,也要注重表达的方式与技巧,更要时刻以倾听者的姿态接受

---

① 刘小枫.康德的"判断力"及其"永久和平"愿想 [J].北京大学学报(哲学社会科学版),2022,59(06):46-60.

"他者"的声音和反馈。在自媒体的语境中,需要保持"从他者出发"的跨文化意识与态度,回归主体与主体的传播关系,即"主体间性"中来。

据此,在自媒体跨文化传播的实践中,我们应该重视跨文化传播主体性的嬗变,重塑"世界公民"在跨文化交流中的重要作用;要革新传统的中华传统文化对外传播范式的"强硬"与"自我",由硬性的灌输变为受众主动的接受、了解与喜爱。中国自媒体博主,无论官方抑或个人,在通过海外社交平台进行跨文化传播时,都需要呼应"世界公民"理念的交往与主张;需要凸显文化交流与共享的特质,展现跨文化传播平等与交融的特质。此外,在传播中,要利用自媒体平台的交互性,提升受众之间的互动,重视受众信息反馈。多采用非语言符号的传播,主动引起、制作或参与话题,增强国外受众对中华传统文化的深度参与感,提升他们的认同感,使海外受众乐于接受与吸收中华文化,促进中西方文化间的互动与融合。

三、自我认识的"内省":技术迷思下的内容重构

就文化传播来说,尤其是传统文化,需要通过与不同文化的交流与互动彰显自身价值与实现内在创新。不同文化之间的冲突在某种意义上不是一无是处的,甚至冲突的加剧将会促使不同文化的自行反省与创新。这种冲突与交流即为"外推",而反思与重构即为"内省"。"内省"与"外推"是跨文化传播的重要驱动力。我们通过与不同文化圈的交融,一方面不断扩充自身文化的传播范围,另一方面也是对自身进行超越与反思,即通过"他者"的视角进行"内省",促进文化的不断创新与再造。

可以确定,跨文化传播的范式、实践、表征伴随着媒介技术的迭代,在不断更新与加速。随着媒介融合的深入,时空障碍已不再是文化交流的主要阻碍。翻译软件的出现,使得语言屏障逐渐弱化。"跨文化传播的表象越来越直接地通过媒介本身扩散出来,数量越来越大,影像越来越多,速度越来越快。"[1] 这表明,自媒体的确提高了跨文化传播的效率,但某种意义上也加速了文化隔阂与误解的产生。就自媒体语境中中华传统文化的内容挖掘与符号表达来看,传统文化符号虽然内涵丰富,但在自媒体的语境表达中却过于单一。美食、手工、田园、农耕等文化符号与形象表征的频繁出现,不仅遮盖了传统文化的深厚内涵与底蕴,也影响了国外受众对中

---

[1] 肖珺.新媒体与跨文化传播的理论脉络[J].武汉大学学报(人文科学版),2015,68(04):122-128.

华传统文化丰富性与延展性的认知，使国外受众认知停留在固化与定式层面，甚至造成新的文化误解与冲突。

信息时代的命脉是传播，传播的核心是内容。自媒体虽瓦解了异文化交流中传播方间的时空距离，搭建了平等对话的桥梁，但内容依旧是桥梁的主干与钢架。内容如果难以接收与译码，会导致信息的焦虑，导致传受双方重新构筑起文化的围墙。在传统文化跨文化传播的过程中，传播内容的塑造即中华传统文化形象的塑造，核心与本质就是中华传统文化的发掘、提炼和建构。

首先，我们需要对传统文化的跨文化传播符号进行创新性的思考与表达，要跳脱出自身的文化属性，走向"多元他者"视野下的文化内省。当一种文化在向外传输过程中被不断排斥或对抗时，我们不仅要思考其传播的模式与管道，亦应对文化自身的内涵符号进行创新。在文化传播中，文化需要脱离本身自我意识的优越性，保有自身文化的纯真性与本质性，寻找文化交融的契机与突破。不同文化具有不同的思维方式和表达方式，需要将中华传统文化用本地民俗、表达方式和文化背景进行重构，使其更易被接受、理解和传递。

其次，我们还要拓展传统文化的内涵与外延，塑造与展现多姿多彩的文化符号。中华传统文化具有深厚的文化内涵，重构传播内容时应注重深度挖掘文化内核，尤其是核心价值观和哲学、美学思想。通过深入剖析文化内涵，传递传统文化中蕴含的儒、释、道的核心观念，使中华传统文化更具说服力和影响力。此外，还应与时俱进，将时代的精神风貌与文化内涵相连接，塑造全方位的文化形象，力图削弱与扭转国外受众的刻板印象与定式思维。我们不能仅仅传播传统的武术、中医、饮食等符号，戏曲、服饰、习俗、节气、音乐、文学等也应成为自媒体重要的符号表达内容。

最后，对于传统文化的传播内容来说，自身的厚重与深邃可以脱离自媒体本身的泛娱乐化，区别于戏谑、媚俗的低俗性内容。在传播过程中，可以适度追求内容的深度与思想性，带给受众知识与启迪。寓教于乐是十分重要的，不能在追求文化内涵的同时，使内容过于生硬与枯燥，以致失去自媒体本身的娱乐和社交属性，从而流失受众群体。

四、文化交际的"消距"：文化与传播的关系流变

文化与传播同源异构，文化因传播而建立，传播以文化为导向。不同文化之

间的对立与碰撞形成了多元文化主义的辩证思想。在多元文化并存的全球化背景下，跨文化传播更多表现为多元文化圈的裂变，考验的是文化本身的内在张力与吸引力。

跨文化传播行为在塑造自我与认识他人之间具有重要的作用。人的社会性使人拥有排解孤独、认知环境、自我认同、群体归属等需要。不同文化之间通过人建立与产生的沟通、交流、对话、理解等跨文化行为，无疑成了社会群体与结构的黏合剂。随着不同文化的排斥与交融、内化与吸收，异文化之间又达成了同属的"文化圈"。这一文化圈的本质就是人们对于文化差异的和解与妥协，伴随着人们的社交活动不断异变，不同文化通过传播得以在全球流动。

海德格尔提出"消距"这一理念，认为人们对"他者"的导向性形成对距离取消的渴望。当然，不是所有的交往都可以实现距离的拉近。就文化的距离而言，人生来就有向他人输出与传达自己观点的意愿，但如果我们不进一步走近"他者"，仅停留在自我空间的表达，就不能构成"传播"。只有走出自我，进入"他者"，才有了文化的"传"这一动态过程。

在跨文化传播实践中，文化距离的远近对传播效果的影响并不显著，如较远文化距离的国家之间文化传播似乎能取得更好的效果。这体现了格雷布尔的文化理论："在全球化的语境下，两个文化区域的距离无论是邻近，或远隔几个大洋，都不能妨碍跨文化传播，因为有神秘的'文化波'存在。"[1]文化本身虽然具有排他性，似乎使人们因文化的差异而疏远与陌生。但在文化与传播的动态关系中，在认识自我与"他者"和"陌生人"的互动过程中，文化习惯与习俗又成为一面"镜子"，推动人们去翻越文化的围墙。在认同中反省自我，在互动中关注"他者"。我们之所以强调文化差异的合理性，正是因为在全球化的语境下，差异成为文化流动的重要驱动力，也成为人们认识自我与接受自我的重要参照物。

可以明确的共同认知是：异文化之间的思想、价值、符号、观念等的流动与交互有天然的属性，个体与群体均有与他人或外界交换信息的需求，从而建构自身的文化意义与属性。文化与传播是互相生成的结果，文化需要通过空间与意义的置换形成新的内容，传播也需要文化成为其重要的内容表达形成有效的流通。在这种螺旋上升式的"动态关系"中，彼此相互指向，产生互通的意义空间。

据此，我们需要提升自我的跨文化传播意识，打破传播时文化的"民族中心主

---

[1] 林惠祥.文化人类学[M].上海：上海书店出版社，2011：36.

义"倾向，站在"他者"的视角，关注跨文化交流的倾向和需求，采用对话与倾听的模式降低文化偏见，减少文化隔阂。在跨文化传播中，了解不同国家、不同群体的文化背景和需求，才能更好地实现文化的传递和交流。自媒体应该明确自己的传播对象和受众，对其文化背景和需求进行了解和分析。具体来说，即异文化对立双方都把对方作为一个"你"而不是一个对立的"它"来体验。通过与不同文化之间的沟通、交流，打破自身固有观念与习惯去观察与评价"他者"的刻板行为，[①]提升"自体"在跨文化传播中的敏感度与亲和力。国外受众希望感受真实的视频拍摄与视频内容，过度渲染与虚构，过多的人为表演痕迹，包括团队的剪辑与包装，都将大大降低视频内容的可信度，影响传播效果。我们应该回归视频分享的本源，剔除过多的商业元素与观念渗透，尽可能"返璞归真"，回归"自然本真"的中国传统审美与内容展现。

此外，"陌生化"的传播手段在自媒体跨文化传播中依然适用。许多中华优秀传统文化的内容对于海外受众十分陌生，甚至难以理解，但这并不会影响他们对内容本身的喜爱，进而产生对传统文化的了解与学习动机。许多海外受众在评论中尽管表示不理解，却大加赞叹，还表现出强烈的学习兴趣。如博主阿木爷爷视频中的木匠技能展现，彰显了中国建筑中"榫卯"技术的精妙；滇西小哥视频中云南特色美食体现了中华文化中"顺应自然"的思想等。受众不仅被自媒体信息的碎片化所吸引，还希望通过视频能学习或掌握有用的信息。这就需要中国博主在内容制作中，在输出一些传统文化的同时，使用一些现代人使用的理念与信息，切实让海外受众感受视频内容信息的有效性与吸引力，提升海外受众对中华文化和中国形象的好感与美誉度。

结　　语

自媒体的迅猛发展拓展了中华传统文化的传播路径，消融了文化的边界，为打破当前的文化格局带来了新的机遇。但自媒体碎片化、实时性、娱乐化的传播特点，又使中华传统文化在传播过程中面临诸多挑战。全球化时代下传统文化如何更好地借助自媒体的东风增强传播效果、重塑文化认同，还需要做出更多的理论思考。在跨文化传播实践中，我们还需要跳出民族中心主义，从"他者"的视角"寻找共情

---

① 单波.跨文化传播的基本理论命题[J].华中师范大学学报（人文社会科学版），2011，50（01）：103-113.

点、共同点、共鸣点与共振点，将中国故事、中国精神、中国力量源源不断地注入世界信息流"。① 这样才能将中华传统文化的丰富内涵与民族精神进行有效地传达。

【参考文献】

［1］柳斌杰.用中华文明提升当代中国形象传播［J］.公关世界.2022（23）：6-9.

［2］刘小枫.康德的"判断力"及其"永久和平"愿想［J］.北京大学学报（哲学社会科学版），2022，59（06）：46-60.

［3］林惠祥.文化人类学［M］.上海：上海书店出版社，2011：36.

［4］龙小农.探源中华文明 坚定文化自信［J］.党课参考，2022，（13）：10-25.

［5］单波.跨文化传播的基本理论命题［J］.华中师范大学学报（人文社会科学版），2011，50（01）：103-113.

［6］肖珺，胡文韬.新媒体跨文化传播的难点及其理论回应［J］.新闻与传播评论，2021，74（01）：107-117.

［7］肖珺.新媒体与跨文化传播的理论脉络［J］.武汉大学学报（人文科学版），2015，68（04）：122-128.

---

① 柳斌杰.用中华文明提升当代中国形象传播［J］.公关世界，2022（23）：6-9.

流动的戏剧：21世纪以来西方戏剧的戏曲改编

张仲阳[①]　胡锐翔[②]　崔宏图[③]

（北京电影学院，北京 100091；澳门城市大学，澳门 999078）

【内容提要】 20世纪70年代，自美国戏剧理论家理查·谢克纳（Richard Schechner）首次提出"跨文化戏剧"（Intercultural Theatre）以来，关于这一概念的讨论和实践便由此开始直至今日。本文在梳理"跨文化戏剧"的理论流变的基础上，单独讨论了中国"跨文化戏剧"的理论与实践发展，并着重探讨了21世纪以来，作为中国"跨文化戏剧"重要分支之一的西方戏剧的戏曲改编实践不同阶段的现实情况。

【关键词】 跨文化戏剧；戏曲改编；20世纪

The Movable Theatre: The Traditional Chinese Oprea Adaptions of Western Drama Since the Advent of the 21st Century

Abstract: In the 1970s, the emergence of "Intercultural Theater" as postulated by the American drama theorist, Richard Schechner, marked the commencement of an ongoing

---

[①] 张仲阳，女，汉族，北京电影学院中国电影文化研究院博士研究生，研究方向：戏曲跨文化传播、跨文化研究、艺术管理。
[②] 胡锐翔，男，满族，澳门城市大学人文社会科学学院博士研究生，研究方向：民俗经济，文化传播与认同。
[③] 崔宏图，男，汉族，澳门城市大学人文社会科学学院博士研究生，研究方向：戏剧影视产业与文化批评。

discourse and application of this concept. Drawing upon an examination of the theoretical progression of "Intercultural Theater", this paper aims to delineate the distinct trajectories of theoretical and practical advancements in this domain within the Chinese context. Emphasis is placed on elucidating the pragmatic manifestations of Traditional Chinese Opera adaptations of Western drama, a pivotal facet of China's "Intercultural Theater" since the advent of the 21st century.

Key words: Inthercultural Theatre; Adaption of Traditional Chinese Oprea; The 20st century

20世纪70年代，美国戏剧理论家理查·谢克纳（Richard Schechner）首次提出"跨文化戏剧"（Intercultural Theatre）这一概念，并以此来描述"包含不同于本国戏剧传统元素的戏剧作品"[1]。事实上，早在谢克纳提出"跨文化戏剧"这一概念之前，这类实践便已经广泛存在于世界范围内。即便如此，"跨文化戏剧"概念的提出依旧引发了学界的广泛争议与思考，并在不同时期延展出不同的戏剧实践。20世纪90年代末，欧美跨文化戏剧的实践与研究传入中国，并于21世纪初期逐步形成了具有中国特色的"西方戏剧的戏曲改编"。尽管现今西方戏剧的戏曲改编实践相较于谢克纳首次提出"跨文化戏剧"概念时，内涵和外延都发生了很大的变化，但是纵观"跨文化戏剧"与"西方戏剧的戏曲改编"的概念与实践，它们之间存有着一个共同的交集，即对来自不同文化传统的戏剧元素的整合与挪用（Appropriation）[2][3]。而对于戏曲艺术而言，跨文化改编和演出使戏曲拥有了更多走出国门的机会，也得以在全球各地不同文化语境下获得多方反馈，从而能够以此为契机促进戏曲艺术的自我审视、自我创造和自主创新。[4]

---

[1] Rustom B. Theatre and the World: Performance and the Politics of Culture [M]. London and New York: Routledge, 1993.
[2] Pavis P. The Intercultural Performance Reader [M]. London: Routledge, 1996.
[3] 周云龙.摹仿与跨文化戏剧研究：超越身份政治[J].文艺研究，2021（02）：92-103.
[4] 严程莹，李启斌.近年来跨文化戏剧研究述评[J].戏剧文学，2013（03）：73-78.

一、跨文化戏剧的学理流变

自 20 世纪 60 年代以来,以彼得·布鲁克(Peter Brook)、阿里亚娜·姆努什金(Ariane Mnouchkine)和彼得·塞勒斯(Peter Sellars)等为首的西方戏剧剧作家与导演,在东方艺术的影响下进行了一系列戏剧实验的创排。针对传统形式和现代主题、舞台实践与戏剧理论这两大核心问题,他们从亚、非、拉美等国家和民族的戏剧中汲取元素,在创作中大量借鉴与使用东方表演形式和故事。例如,姆努什金的莎士比亚三部曲《理查二世》《亨利四十》和《第十二夜》都借用了日本歌舞伎的元素和表演呈现方式;彼得·布鲁克改编自印度梵文史诗,汇集欧洲、亚洲、非洲 16 个国家演员的《摩诃婆多罗》等。针对这一现象,谢克纳提出用戏剧交流中的"跨文化戏剧"取代戏剧"跨国主义"(Internationalism)这一称谓。谢克纳认为,"跨国"这一概述暗示着官方背景和国家疆界,不足以描述后殖民时代的戏剧互动情形,其本身就内含着一种政治上的规定性,而非自然意义上的文化观念。[①]

尽管谢克纳提出的"跨文化戏剧"在一定程度上否认了"文化标准"的存在,是一种尊重和包容各种文明的理想戏剧观念,但事实上该术语的兴起依旧伴随着许多争议。20 世纪 80 年代以来,西方学界针对"跨文化戏剧"中暗含的西方中心主义和文化相对主义的不平等展开了争论。鲁斯托姆·巴鲁查(Rustom Bharucha)指出,"文明间的戏剧交流从来就不是对等的,西方跨文化戏剧中对自我的关注超越并掩盖了对他者文化的再现,使得戏剧中的他者变成自我的投射"[②]。鲁斯托姆·巴鲁查认为西方跨文化戏剧作品背后隐藏着浓厚的西方中心主义的立场,是一种野蛮的文化行为。同样,雷碧玮(Daphne P Lei)则使用霸权跨文化戏剧(Hegemonic intercultural theatre,简称 HIT)批判这一批西方导演的跨文化戏剧作品"对亚洲传统艺术进行碎片化、符号化的呈现"[③]。雷碧玮指出,这类由知名导演指导创排、戏剧规模宏大,并且受到西方世界或西方资源的影响和资助的跨文化戏剧是对亚洲传统艺术的曲解。参与实践的作者在权力位置上是不平衡的,是一种精英戏剧实践。针对跨文化戏剧中的不平等,约翰·布朗(John Brown)也指出这种作为文化消费的东西方戏剧的相

---

① Pavis, Patrice. The Intercultural Performance Reader [M]. London: Routledge, 1996.
② Bharucha, Rustom. Theatre and the World: Performance and the Politics of Culture [M]. London and New York: Routledge, 1993.
③ Lei, Daphne P. "Playful Yellowness: Rescuing Interculturalism from Millennial Orientalism." in Interculturalism and Performance Now: New Directions? [M]. London: Palgrave Macmillan, 2019: 235–256.

互挪用其实是一种掠夺,"其结果不外乎奇装异服的矫饰",最后任何文化在其中都失去了生命力。① 由此可见,"第一波"跨文化戏剧讨论主要关注西方与非西方、自我与他者的界限,对殖民历史的反思,以及批判跨文化戏剧背后暗隐的文化之间的冲突与权力关系。

孙惠柱教授曾把这一时期的跨文化戏剧特征总结为,"这一时期的西方跨文化戏剧实践只关注了形式上的跨文化戏剧,即用东方的艺术形式来讲西方的故事,如歌舞伎莎士比亚和卡塔卡里希腊悲剧;或是用西方的观念来重讲东方的故事,如布莱希特的《高加索灰阑记》和布鲁克的《摩诃婆罗多》,寻求一种东西方形式与内容的融合"②。

进入21世纪,"跨文化戏剧"进入第二波浪潮(实际跨越21世纪初至2010年)③,以后殖民主义理论作为主要出发点,着重探讨文化和经济的全球化浪潮对跨文化戏剧实践的影响。除了延续"跨文化戏剧"第一波浪潮中对个体艺术家和团体之间的权力斡旋与民族国家关系的探讨,这一时期的理论更多聚焦全球化与剧场的关系,流散群体演出的社会价值,多元文化背景下对于剧场体制和文化政策的反思,以及跨文化戏剧在全球范围内的营销和传播问题。④ "跨文化戏剧"进入第二波浪潮的代表人之一,杰奎琳·罗(Lo Jacqueline)在她《文化挪用视角下的跨文化戏剧》(Toward a Topography of Cross-cultural Theatre Praxis)一文中提出"跨文化戏剧"(Cross-cultural theatre)的概念作为后殖民戏剧、多元文化戏剧等相互之间存在联系但流派不同的跨文化戏剧的总称,并对其类别进行区分,而"跨文化戏剧"则属于其中的一种实践。⑤ 杰奎琳·罗指出,所有"跨文化戏剧"都蕴含且一定会涉及一个不同文化感性之间相遇和协商的过程。不难看出,第二波跨文化主义浪潮延续了对第一波浪潮的持续性批评,且更加关注全球化语境及更为广泛的"跨文化戏剧"参与者。

因此,"跨文化戏剧"第二波浪潮的戏剧实践更多关注西方世界内部的少数族裔群体及西方世界以外的第三世界的跨文化戏剧,关注从个人到跨国范围内文化、艺

---

① 何恬.探寻"跨文化戏剧研究"的中国路径[J].中国社会科学报,2021(2307).
② 孙惠柱.跨文化戏剧:从国际到国内[J].云南艺术学院学报,2014(04):27-31.
③ Erika Fischer-Lichte. Interweaving Performance-Rethinking "Intercultural Theatre": Toward an Experience and Theory of Performance beyond Postcolonialism[M]. New York: Routledge, 2014.
④ 何成洲.跨文化戏剧理论中的观看问题[J].戏剧(中央戏剧学院学报),2021(05):43-54.
⑤ Lo J, Gilbert H. Toward a Topography of Cross-cultural Theatre Praxis.[J]. TDR: Drama Review 46.3 (2002): 31-53.

术的流动及身份的变迁。① 例如，流散群体及移民的身份建构在这一时期得到关注，以此为题材的戏剧不断被搬演至小剧场、独立剧场的舞台。全球性的国际艺术节在这一浪潮中不断激增，为跨文化戏剧的实践探索提供了更多的机会与可能。多元文化演员阵容的华丽表演也成为一种戏剧时尚，使第二波浪潮中的"跨文化戏剧"体现出聚焦于形式上的跨文化特点。

从 2011 年开始直至今日，"跨文化戏剧"处于第三波浪潮之中。在戏剧理论与方法论激增的第三波浪潮中，非主流与西方之外的跨文化剧场实践得到更多的重视，表演事件的发生过程及社会效果不断被强调。这一时期的"跨文化戏剧"研究格外关注少数族裔、亚洲等非西方艺术家的创作、项目和经验，并且关注包括但不仅限于演员培训和排练过程中产生的跨文化过程②，注重戏剧发生中的协助与多元。第三波的研究浪潮将跨文化主义视为流动的和边缘的，认为跨文化戏剧是自下而上（Interculturalism-from-below）发生的，因此，要更多关注徘徊于主流之外的"边缘群体"的戏剧行动。③ 何成洲指出，在第三波"跨文化戏剧"的浪潮中，交叉性质的理论研究不断涌现，带有种族研究、宗教研究和女性主义批评等理论视角的戏剧作品不断涌现，以描绘种族、性别、性属、阶级、宗教和残疾等多重身份因素如何影响跨文化戏剧的表达和接受。④ 例如，沃里·索因卡创作了描述西方白人殖民者对非洲原始土著王国葬礼仪式，进行的所谓"人道主义"关怀干预后所引发的文化冲突与悲剧的《死亡与国王的马夫》；探索民族与种族、东方与西方、性别与政治、身份与认同，乃至殖民与后殖民等议题，讲述在冷战时期，一名男性法国外交官迷恋上一个中国京剧演员后的性别谜题故事的百老汇话剧《蝴蝶君》。在第三波"跨文化戏剧"的浪潮中，类似于《死亡与国王的马夫》和《蝴蝶君》这样由非白人剧作家创作的作品逐渐增多，并得到认可，类似这类探讨文明冲突与死亡的戏剧作品亦屡见不鲜。

尽管第三波浪潮的"跨文化戏剧"延续了第二波浪潮对"边缘群体"的关注，也受到了全球化视角的影响，但是相较于前两波浪潮对戏剧文本层面的挪用和形式上再创作的单一关注，以及对异文化戏剧作品本土化和在地化的探讨，第三波浪潮

---

① Holledge J, Tompkins J. Women's Intercultural Performance [M]. London and New York: Routledge, 2000.
② Zarrilli P. Psychophysical Acting: An Intercultural Approach after Stanislavski [M]. New York: Routledge, 2009.
③ Knowles R. Performing the Intercultural City [M]. University of Michigan Press, 2017.
④ 何成洲. 跨文化戏剧理论中的观看问题 [J]. 戏剧（中央戏剧学院学报），2021（05）：43-54.

进一步延展了"跨文化戏剧"的宽度，认为跨文化戏剧类型之间也是彼此交叉和重叠的。艾利卡·费舍尔-李希特（Erika Fisher-Lichte）曾提出用"交织文化表演"（Interweaving performance cultures）取代"跨文化表演"（Intercultural performance），认为跨文化改编重点不在于如何与"他者"文化进行对话，而在于通过对"他者"戏剧传统的挪用解决各自文化中的问题。①尽管费舍尔-李希特这一提法关注不同表演文化是如何在舞台上交织这一议题，且在一定程度上有效规避了"跨文化戏剧"中暗含的将某种文化本质主义化的危险，但是"交织"的内容也会存在主客之分，在这一点上依旧没有跳出"跨文化戏剧"原有的桎梏，单纯地用"交织文化表演"来取代"跨文化戏剧"进行术语的更迭也是不可取的。总的来说，不论"跨文化戏剧"这一术语的内涵如何更迭，跨文化戏剧实践总是离不开对不同戏剧文化传统和戏剧元素的整合与挪用，包含对不同身份群体对跨文化作品创作和接受的影响的探讨。

二、跨文化戏剧与中国

20世纪90年代以来，欧美"跨文化戏剧"的相关理论与实践经由留学归国或有外语学科背景的学者传入中国。与此同时，随着国际学术交流的日益密切，我国学者开始进一步译介并探讨大规模跨文化戏剧的相关讨论和问题。周云龙在梳理此现象后指出，这一时期跨文化戏剧在中国引起关注的历史和知识性条件可主要归纳为以下两点：首先，中国学者自20世纪90年代以来开始研究和思考跨文化戏剧，这与全球化进程再次全面启动导致非西方世界身份认同的自觉有关。由于跨文化戏剧实践的问题意识源自戏剧美学在意识形态层面对西方主导全球化历史进程的反弹，所以中国戏剧界带着自身的文化诉求，开始了跨文化戏剧的实践。其次，后殖民主义文化批判思潮在该时期传入中国，在人文研究领域，特别是比较文学、人类学和历史学界引发了深刻而广泛的探讨。对后殖民主义文化批判的接收与探索也为跨文化戏剧的实践提供了基本的方向。②何恬指出，在跨文化戏剧传入中国后主要延伸出以下几个方面的研究与实践：不同戏剧传统的平行比较研究、用西方戏剧美学概念来阐释中国戏曲、外国戏剧的翻译与演出研究、古典戏曲文本在国外的传播与影响

---

① 胡玄.易卜生研究的新视角和新方法：弗鲁德·海兰德教授访谈录[J].戏剧（中央戏剧学院学报），2018（03）：39-45.
② 周云龙.跨文化戏剧：概念所指与中国脉络[J].戏剧艺术，2019（01）：99-111.

研究和现代戏曲对外国剧作的改编研究等。①

尽管"跨文化戏剧"作为一个学理概念进入中国只有短短30年，但有关"跨文化戏剧"的实践却早已存在于中国文化与艺术脉络之中。首先，元代剧作家纪君祥创作的《赵氏孤儿》与关汉卿创作的《窦娥冤》等作品早在17世纪就已流传海外，其中《赵氏孤儿》被伏尔泰（Voltaire）改编成五幕剧《中国孤儿》，并于1755年在巴黎上演。英国作家亚瑟·墨菲（Arthur Murphy）也根据《赵氏孤儿》的译本创作了一版不同于前者的《中国孤儿》剧本，并在1759年于英国伦敦的剧院首演。这两部《中国孤儿》的戏剧均在演出后引发了强烈的反响。尽管《赵氏孤儿》在西方风靡原因是复杂且多样的（此处由于篇幅原因暂不赘述），但不可否认的是，《赵氏孤儿》作为一部跨文化戏剧，在西方舞台化的搬演过程中不论是内容，还是形式，对来自不同文化传统的戏剧元素的整合与挪用，都体现了早期西方对中国文化艺术的认知与态度。西方的编剧们对《赵氏孤儿》故事，根据各自的创作目标和受众进行了不同面向和不同程度上的改造。以伏尔泰的《中国孤儿》为例，伏尔泰在改编的过程中恪守了西方戏剧的"三一律"，使改编后的《中国孤儿》更加符合法国观众的戏剧欣赏习惯。同时，伏尔泰认为，悲剧通常分5幕。因此，他对《赵氏孤儿》的每一幕戏进行了重新划分，并且添加了原剧本中并不存在的感情戏，使其更加符合法国观众的戏剧审美心理。

在近代，以京剧的发展为例，在京剧发展的不同阶段，都能够窥视到跨文化戏剧交流的身影及其对京剧展演形式上带来的影响。20世纪初期，随着西方话剧的涌入，首先影响到京剧的演剧模式和舞台形态。20世纪50年代，机关布景连台本戏不断出现在戏曲舞台上。以上海为中心的机关布景戏和以梅兰芳为代表的古装歌舞戏都有了极为明显的跨文化特征。张伟品指出，"梅兰芳的尝试和上海的机关布景戏，首先便打破了传统戏曲的舞台美术特征。在重视、建设舞台呈现的舞台美术技术的同时，机关布景戏以故事取代了歌舞，而古装戏则以歌舞淹没了故事，均对中国戏曲'以歌舞演故事'的格局造成了影响"②。与此同时，机关布景戏还改变了戏曲表演的时空观念，由主观时空转向客观时空，也对戏曲剧本的原有范式产生了一定的影响。纵使20世纪以京剧为首进行的戏曲变革在一定程度上更多是时代的产物，梅兰芳在几次尝试机关布景戏后最终放弃以失败告终，但是这种对戏曲展演形式的新

---

① 何恬.探寻"跨文化戏剧研究"的中国路径［J］.中国社会科学报，2021（2307）.
② 张伟品.20世纪京剧走向与西方文化影响［J］.戏剧艺术，2016（01）：16-25+35.

尝试而旧体现出戏剧跨文化交流对本土艺术的影响。

在近现代中国的跨文化戏剧语境中，尽管相关的理论探讨相较于西方世界有一定的滞后性，但是"跨文化戏剧"的相关实践却一直存在。艺术从业者们既没有固守不变，也没有食洋不化，创造出一批又一批具有现代性和跨文化特征的作品，并且在不断的"试错"过程中，迅速跳过了生硬杂糅这一阶段。

与此同时，近些年来，中国学术界对"跨文化戏剧"这一概念也越来越关注。早期有孙惠柱、费春放等人将"跨文化戏剧"的概念引入中国并进行阐释。孙惠柱曾将"跨文化戏剧"概括为3个阶段：第一阶段是内容上的跨文化戏剧，第二阶段是形式上的跨文化戏剧，第三阶段则是内容和形式相结合的跨文化戏剧。[①]何成洲对西方"跨文化戏剧"理论进行了系统的梳理，以批判的视角进行分析，提出"应该以中国的跨文化戏剧为基础，从中西比较的视角推动产生新的理论范式，而作为行动的表演可以成为这一个新范式的一个核心观念"[②]。周云龙对"跨文化"这一术语进行了梳理，结合中国当代戏剧实践进行讨论，认为"可以将跨文化戏剧视为一种富于洞察力的视角和策略，用以开放传统的戏剧学科边界，在其无力回应的公共议题中，重构戏剧介入当代中国问题的能力"[③]。高子文和沈林亦曾分别探讨过"跨文化戏剧"的理论局限性与当下中国的实践盲点。2021年，在雷碧玮和夏洛特·麦基弗主编的著作《跨文化主义与表演梅图恩戏剧读本》（*The Methuen Drama Handbook of Interculturalism and Performance*）出版后，何成洲在"跨文化戏剧"的新趋势下进行了梳理与总结。总而言之，尽管中国在"跨文化戏剧"的理论层面起步较晚，但并未盲从西方的理论，而是客观批判地看待既有理论，并不断与中国语境相结合进行探讨，提供新的视角。

三、新世纪以来中国跨文化戏剧实践
中西方戏剧的戏曲改编

一直以来，西方经典（戏剧）的戏曲改编是中国"跨文化戏剧"领域非常重要且具有中国特色的一个分支。据钟鸣统计，截至2022年，仅以京剧为主要载体的跨

---

① 孙惠柱.跨文化戏剧：从国际到国内[J].云南艺术学院学报，2014（04）：27-31.
② 何成洲.作为行动的表演——跨文化戏剧研究的新趋势[J].中国比较文学，2020（04）：2-14.
③ 周云龙.跨文化戏剧：概念所指与中国脉络[J].戏剧艺术，2019（01）：99-111.

文化戏曲作品已达到134部。① 跨文化戏剧已成为当下戏曲演出市场中不可或缺的一种存在。既然西方经典的戏曲改编是一种"跨文化戏剧"的实践，那么这种跨文化戏曲改编就势必会涉及对不同戏剧文化传统（原文本）的挪用与再现（Representation）。因此，如何处理与选取"异文化"中文化元素与符号并避免流于形式的"西戏中演"，真实再现这类改编的意义，成为新世纪中国西方经典的戏曲改编无法回避的两大问题。

21世纪初期，戏曲改编比较重视强化戏曲外部手段的运用效果。以2006改编自易卜生《海达·高不乐》的越剧《心比天高》为例，演员周好俊几乎全部依靠身段、水袖和眼神等戏曲基本功，展现了一个多情女子一步步被欲望推向崩溃深渊甚至走向邪恶的过程。尽管这样的作品把越剧的基本程式进行了夸张和变形，用一种新的面貌展现不同的故事与文化。但就剧本而言，依旧存在把深刻的内涵寓于人物扁平肤浅化的问题。这一时期的戏曲改编还有一个特点，即转化的时空背景是为了让情节在移植过程中最大限度地摆脱地域、环境和历史的束缚，接近原文本叙事中的"民族"与"历史"的内容，更好地使观众理解情节而进行叙事时空的调整。继续以越剧《心比天高》为例，为了更好地呈现故事消除观众面对异文化时的陌生感，剧本便把整个故事设定在战国的诸子百家争鸣时代。这些对于情节设定和呈现方式上的调整有利于减少观众面对"异文化"时的陌生感，从而使该类改编作品更好地被演出市场所接受。

经过21世纪初的实践与尝试，跨文化戏曲改编的理念也不断得到完善。从单纯的对经典的移植改编，变成了更加聚焦于"共性"选材改编。这一类改编实践以豫剧《朱丽小姐》为代表，特点是以东西方共有的类型人物为基础，通过对经典文本情节的再设计，情境的再改造，将故事与人物进行元素化的整合，从而使故事情境高度融合②。2016年创排的豫剧《朱丽小姐》，剧组人员在将这部经典剧作本土化、戏曲化的同时，不仅在内容上复制了斯特林堡（August Strindberg）对19世纪末身份、阶级与性别议题讨论，更从表演形式上摸索编创了几段戏曲化舞蹈和身段刻画人物，无论从人物姓名、时间地点、情节设置方面都非常完整地讲述了一个源自西方的中国故事。在对小姐朱丽和女仆桂思娣的人物塑造上，通过戏曲化歌舞进一步渲染主仆关系的变化及铺垫桂思娣越轨行为，强化人物间的身份与阶级矛盾。因此，这一

---

① 钟鸣. 当代跨文化戏曲改编论略［J］. 学术界，2023（06）：109-115.
② 钟鸣. 现在与未来：跨文化戏曲改编中的伦理审美［J］. 艺术百家，2023，39（02）：95-100+113.

类戏曲改编作品不同于早期对西方经典原文本的全盘接受，而是在保留主要故事框架和人物设定基础上，力求其他背景、时间、地点、身份、性格、基本戏剧冲突等实现"中国化"和"戏曲化"。这种形式在一定程度上更加靠近戏曲原有的创作规律与观众欣赏习惯，也更容易被观众所接受。

进入新时代之后，跨文化戏曲改编更加关注如何运用中国的跨文化戏曲向世界讲好中国故事，用内容含有跨文化互动故事的剧目来塑造"可信、可爱、可敬的中国形象"，向世界展示中华文化历来就有求同存异的极大包容性。在经历内容上的改编和形式上的移植后，这一阶段的戏曲改编更加聚焦如何用戏曲形式讲述一个外国人熟悉的故事，把原本以形式转换为主变为形式、内容并重的戏曲新作，变外国经典为中国故事，塑造出具有共同价值和意义的舞台形象，从而形象地证明人类是一个命运共同体，人性可以相通。[①] 例如，2021年，中国戏曲学院推出的"一本两剧"蒲剧与豫剧《俄狄王》。京剧《王者俄狄》有意识地打通戏曲与西方悲剧的精神，淡化了原剧中俄狄浦斯与天命的冲突，对英雄进行了重构。而蒲剧与豫剧的《俄狄王》则重塑并增加了对剧中的女性角色的描摹和舞台时空的转化，探索了小剧场戏曲新的呈现形式。除去对古希腊悲剧的跨文化改编，这一时期对于莎士比亚作品的戏曲改编亦层出不穷。2022年，改编自莎士比亚名剧《麦克白》的戏曲实验剧《谁是麦克白》出现在戏曲市场。通过加入"穿越"这一情节的设置，将原著中的麦克白与中国古代历史人物赵光义、公孙子等结合在一起，提炼出"权欲"这一核心文化母题，并展现出中西人物面对欲望时不同却又相似的抉择。新时代的戏曲改编题材和选题远不止于对希腊戏剧与莎士比亚戏剧这一类型作品的戏曲改编。例如，2023年，中国戏曲学院和北京京剧院共同参与的小剧场京剧《吝啬鬼》，从人物到结构等多方面都进行了本土化和京剧化。首先《吝啬鬼》对人物重新进行命名，并在故事情节方面加入更多贡姥爷与家人的互动，用"家庭"来带动角色的变化，而非原著中较为脸谱化地呈现人物形象。同时，加入更多生活化情节，例如，用"算盘舞"来突出贡姥爷与贡少爷讨价还价时的可笑形态。

如果说之前中国舞台上的西方戏剧经典的改编还停留在祁寿华归纳的第一种模式（忠实）和第二种模式（本土化/民族化）阶段，那么新时代以来的跨文化戏曲改编则进入第三种模式（混合/杂糅），即在混合呈现不同的戏剧传统之余，打造新的具有文化意义的戏剧行动事件（the same theatric event），并在故事、结构和制作等方

---

① 钟海清.跨文化之旅：西方戏剧的戏曲改编[J].上海戏剧，2023（02）：36-39.

面进行多维度的探索。①

戏曲与西方戏剧无论是在理念上，还是在形式上都有着巨大的差距，这是不可否认的事实。因此，在延续原作的情节与精神时，无论是否会被视为某种文化挪用（Appropriation）和置换（Displacement），对核心元素的提炼、选取和再现都是至关重要的。正如上述提及的一些中国的跨文化戏曲改编作品，从导演、演员、演出、文本等多个方面着手，其中的一些作品更是结合了西方的全球化理论、性别理论等进行讨论和情节设定的，不仅丰富了戏曲的人物，也增加了西方经典中既有人物呈现和解读的新面向。

结　语

中国的跨文化戏剧有着丰厚的历史和丰富的实践。作为其中重要分支之一的西方戏剧的戏曲改编在21世纪不断增多，内容和形式上不断被丰富，呈现出一股向上的苗头和态势。实际上，西方戏剧的戏曲改编在一定程度上可以视为戏曲本身的现代化进程。这些改编为戏曲增加了新的人物与角色，带来了新的故事与情节，拓宽了传统戏曲的舞台。最重要的是"跨文化戏剧"使中国戏曲在文化艺术交流的过程中更容易被西方世界"看到"，让世界领会中国戏曲，以及为何有不一样的样式与精神，也让世界看到中国戏曲作为一项古老的艺术与世界经典对话的勇气和尝试，从而更好地讲述中国故事，传播中国声音。

【参考文献】

［1］何成洲.跨文化戏剧理论中的观看问题［J］.戏剧（中央戏剧学院学报），2021（05）：43-54.

［2］何成洲.作为行动的表演——跨文化戏剧研究的新趋势［J］.中国比较文学，2020（04）：2-14.

［3］何恬.探寻"跨文化戏剧研究"的中国路径［J］.中国社会科学报，2021（2307）.

［4］胡玄.易卜生研究的新视角和新方法：弗鲁德·海兰德教授访谈录［J］.戏剧（中央戏剧学院学报），2018（03）：39-45.

［5］孙惠柱.跨文化戏剧：从国际到国内［J］.云南艺术学院学报，2014（04）：27-31.

［6］严程莹，李启斌.近年来跨文化戏剧研究述评［J］.戏剧文学，2013（03）：73-78.

---

① Qi S H. Adapting Western Classics for the Chinese Stage［M］. London and New York：Routledge，2019，pp.68-69.

［7］张伟品.20世纪京剧走向与西方文化影响［J］.戏剧艺术，2016（01）：16-25+35.

［8］钟海清.跨文化之旅：西方戏剧的戏曲改编［J］.上海戏剧，2023（02）：36-39.

［9］钟鸣.当代跨文化戏曲改编论略［J］.学术界，2023（06）：109-115.

［10］钟鸣.现在与未来：跨文化戏曲改编中的伦理审美［J］.艺术百家，2023，39（02）：95-100+113.

［11］周云龙.跨文化戏剧：概念所指与中国脉络［J］.戏剧艺术，2019（01）：99-111.

［12］周云龙.摹仿与跨文化戏剧研究：超越身份政治［J］.文艺研究，2021（02）：92-103.

［13］Rustom B. Theatre and the World：Performance and the Politics of Culture［M］.London and New York：Routledge，1993.

［14］Erika Fischer-Lichte. Interweaving Performance—Rethinking "Intercultural Theatre"：Toward an Experience and Theory of Performance beyond Postcolonialism［M］.New York：Routledge，2014.

［15］Holledge J，Tompkins J. Women's Intercultural Performance［M］.London and New York：Routledge，2000.

［16］Knowles R. Performing the Intercultural City［M］.University of Michigan Press，2017.

［17］Lei，D P. "Playful Yellowness：Rescuing Interculturalism from Millennial Orientalism." in Interculturalism and Performance Now：New Directions?［M］.London：Palgrave Macmillan，2019：235-256.

［18］Lo J，Gilbert H. Toward a Topography of Cross-cultural Theatre Praxis［J］.TDR：Drama Review 46.3（2002）：31-53.

［19］Pavis P. The Intercultural Performance Reader［M］.London：Routledge，1996.

［20］Qi S H. Adapting Western Classics for the Chinese Stage［M］.London and New York：Routledge，2019，pp.68-69.

［21］Zarrilli P. Psychophysical Acting：An Intercultural Approach after Stanislavski［M］.New York：Routledge，2009.

数字文化产业与意识形态建设：
机理、困境与路径

傅凌波[①]

(中国传媒大学文化产业管理学院，北京 100024)

【内容提要】 数字文化产业具有经济和意识形态双重属性，而意识形态是其立魂之本。数字技术的创新发展使数字文化产业成为意识形态的内容载体、传播媒介和消费场域，一方面为意识形态建设提供了数字化转型的逻辑思路，另一方面也加剧了生产主体多元化和消费市场去中心化的趋势，导致优质主流意识形态文化产品供给不足、市场逐利逻辑深入侵蚀社会效益、多元社会思潮纷争加剧等问题出现。基于此，企业应合理利用数字技术，从生产到消费全链条维护我国意识形态安全；个体应提高文化素养和价值判断力，主动培养意识形态认同；政府应发挥其重要主导作用，以政策为手段，以文化强心，以技术赋能，促进多方协作参与我国意识形态建设。

【关键词】 数字技术；文化产业；意识形态

Digital Cultural Industries and Ideology Construction: Mechanisms, Dilemmas and Paths

Abstract: Digital cultural industries have both economic and ideological attributes, and ideology is the foundation of its soul. With the innovation of digital technologies, digital cultural industries have become the content carrier, dissemination medium and consumption

---

① 傅凌波，女，中国传媒大学文化产业管理学院文化产业专业博士研究生，主要研究方向：文旅融合、数字文化产业。

field of ideology, which provides ideology construction with a digital transformation logic. However, it also intensifies the trends of diversification of production subjects and de-centering of consumption market, resulting in insufficient supply of mainstream ideological cultural products, deep erosion of social benefits, and intense dispute of social thoughts. To make a breakthrough, enterprises should make reasonable use of digital technologies to protect ideological security in its value chain; individuals should improve their cultural and media literacy to actively cultivate ideological identity; and government should play its leading role by making policies as a means to promote the collaborative participation in ideology construction.

Keywords: Digital technologies; Cultural industries; Ideology

数字技术的创新与应用革命性地提高了文化产业的数字生产力，激发了我国文化消费需求呈现"井喷式"增长，[①]并推动数字文化产业成为数字经济高速发展的引擎。我国社会现阶段的主要矛盾仍是人民日益增长的美好生活需要和不平衡不充分的发展之间的矛盾，[②]而数字文化产业的繁荣为人民持续不断地提供了文化产品和文化服务，不仅满足人民日益增长的精神文化需要，还能够实现人民精神共同富裕的目标。然而，数字技术的创新发展一方面为数字文化产业带来了巨大发展机遇，使其成为意识形态建设的内容、媒介和场域，另一方面也加剧了其生产主体多元化和消费市场去中心化的趋势，导致主流意识形态产品供给不足、市场逻辑逐利忽视社会效益和多元社会思潮冲击消解主流意识形态领导力等问题出现。虽然学界以积极姿态和批判视角对如何加强主流意识形态在文化产业中的责任和引导进行了深度回应与反思，但数字文化产业因其新业态特征反而面临更为严峻的现实挑战，亟须提出有效治理路径。本文根据马克思主义唯物史观，在厘清数字文化产业与意识形态建设的逻辑关系和融合机理基础上，分析数字文化产业发展中要注意的安全问题，提出多元主体协同治理的治理路径，对支持数字文化产业助力我国意识形态建设具

---

① 高书生.国家文化数字化战略：背景与布局［J］.河北师范大学学报（哲学社会科学版），2022（5）：11-18.
② 新华社.习近平：决胜全面建成小康社会 夺取新时代中国特色社会主义伟大胜利——在中国共产党第十九次全国代表大会上的报告［EB/OL］.（2017-10-27）［2023-01-23］.http：//www.xinhuanet.com/politics/19cpcnc/2017-10/27/c_1121867529.htm.

有重要意义。

一、文以载道：数字文化产业与意识形态建设

数字文化产业是以文化为内容的数字化生产活动的集合，具有经济属性和意识形态属性，与意识形态是"体"与"魂"的关系。在数字技术赋能之下，数字文化产业成为信息时代意识形态的内容载体、传播媒介和消费场域，为当下意识形态建设提供了数字化转型的逻辑进路，具有维护我国意识形态安全的价值意义。

（一）立魂之本：数字文化产业及其意识形态属性

文化产业一词最早由法兰克福学派提出，是为批判资本主义以工业化方式生产文化并实施对人们的精神控制的。联合国教科文组织在《文化统计框架》中明确了文化产业的"工业化"生产属性。我国《文化产业及相关分类（2018）》也将文化产业定义为与文化产品相关的生产活动集合。学界在文化产业是把文化作为商品进行生产、流通、消费的产业这一点上也达成了共识，认为文化产业是将文化和经济合二为一的经济形式。随着数字技术的发展，文化产业概念的内涵与外延在"文化+"的融合新业态衍生中得到拓展，其中数字文化产业更是发展动力十足，成为文化产业门类中的佼佼者。数字文化产业是以文化创意为内核，依托数字技术为公众提供文化产品和文化服务的生产活动集合。这一概念强调数字技术对文化产业全链条的赋能，包括文化产品的创作、生产、传播和消费等环节。[1]2023年上半年，与数字技术密切相关的16个文化新业态行业小类营业收入为23 588亿元，比全部规模以上文化及相关产业企业营业收高7.7%。[2]但万变不离其宗，无论文化产品的载体和媒介传播方式有何种变化，根据马克思主义唯物史观，文化始终是人类社会的精神反映，是人类认识和改造世界的精神指引；意识形态则是文化最为核心的部分，二者具有密不可分的关系。

数字文化产业作为一种特殊的经济形态和文化形态，国内外学者普遍认可其与意识形态存在显著相关性[3]，是具有经济和意识形态双重属性的产业。对于数字

---

[1] 江小涓. 数字时代的技术与文化 [J]. 中国社会科学, 2021 (08): 4-34+204.
[2] 国家统计局. 2023年上半年全国规模以上文化及相关产业企业营业收入增长7.3% [EB/OL]. (2023-07-30) [2023-07-30]. http://www.stats.gov.cn/sj/zxfb/202307/t20230728_1941597.html.
[3] 侯景娟. 文化产业意识形态效应的理论阐释及其启示 [J]. 江西社会科学, 2018, 38 (04): 246-253.

文化产业的重要性，习近平总书记也曾多次强调要把握文化产业的双重属性，注重社会效益和经济效益的关系，并将社会效益置于首位。[①] 数字文化产业的经济属性体现在商品性和经营性，以市场需求为导向、以供求平衡为尺度，遵循市场和资本的运作逻辑。而意识形态属性则体现在数字文化产业的文化产品生产、传播和消费的各个环节之中。回归概念，数字文化产业是以文化为核心、数字技术赋能的生产活动集合，其文化产品反映着文化传统、思想观念和价值取向。而意识形态是产生于社会现实的社会意识。文化是一个社会的政治和经济的反映，又反作用于社会政治和经济，其本质是人们的社会价值观念体系，也是反映人们价值取向和历史选择的思想体系。故数字文化产业中文化产品的内容和形式都是一定社会历史条件下意识形态的表现。意识形态可谓是数字文化产业之魂，而数字文化产业是意识形态之体。

（二）内在逻辑：数字文化产业赋能意识形态建设

数字文化产业是意识形态的内容载体、传播媒介和消费场域，为新时代意识形态建设提供数字化转向的逻辑思考。虚拟与现实的技术联结，娱乐与教育的功能协调，文化产业与其他产业的横向融合丰富了文化产业的链条和业态，带来了文化经济发展的革命性变革。[②] 对于意识形态建设而言，数字文化产业作为一种载体、媒介和场域正在逐渐形成相对独立的环境，形成独特的数字生产力体系和话语结构，在一定程度上改变了社会文化生态。大数据、云计算、人工智能、5G等数字技术，以提升数字生产力的方式带来经济发展模式的转向，不仅加深了文化与经济的融合，还改变了思想文化的传播机制，有效提高了文化信息传播的效度、信度和广度[③]，让文化渗透人们生产和生活的每一个环节。文化产品的创作和生产逐渐呈现规模化、商品化、市场化的趋势，丰富了意识形态传播的内容和形式，让意识形态以一种润物细无声的方式影响着人们的认知、改变人们的态度、作用于人们的行为。如全国各大博物馆以数字孪生技术、虚拟复原技术等数字化展陈方式为人们提供沉浸式文化产品的消费体验，也在寓教于乐中影响着人们的观念和行为，让人们感受、发现中华文化的历史之美。与此同时，因为数字文化产业具有虚拟平台市场、以算法驱动的数字特征，致使文化市场成为人们消费文化产品的新场域。短视频平台、网络

---

① 习近平. 习近平总书记系列重要讲话读本［M］. 北京：人民出版社，2016：208.
② 石磊，胡海宁. 以文化产业为媒介的主流意识形态传播——以马克思主义生活世界理论为指引［J］. 江西社会科学，2020，40（05）：24-31.
③ 朱晓彤. 数字技术的意识形态属性与发展进路［J］. 思想理论教育，2022（11）：86-92.

直播平台、网络游戏平台等平台参与者数量随着网络普及而快速增长。截至 2022 年 12 月，我国短视频用户规模达 10.12 亿，占网民整体 94.8%，网络直播用户规模也已高达 7.51 亿，占网民整体 70.3%。①人们消费数字文化产品也不再取决于主流媒体一家之言，而是在数字文化消费市场中挑选自己感兴趣的内容，还可以通过创作用户生成内容参与文化生产过程。数字文化产业传播和消费的不仅在于文化产品本身，更在于其背后承载的文化符号的解码和意识形态的陶染。

数字文化产业不仅为意识形态建设提供数字化转向的逻辑进路，对维护我国文化安全亦具有重要意义。世界上不同文化之争，本质是意识形态之争。维护意识形态安全是为国家立心，为民族立魂，是从精神层面把握人民价值观念的建构方向。意识形态作为具有抽象层面的社会意识，渗透在社会的各个领域之中，而且通过精神层面影响人们的思想反作用于物质层面，进而可能整合全社会的力量改变社会存在。对于数字文化产业而言，技术只是工具，其文化载体是向社会提供的文化商品或文化服务，而其中所承载最核心的文化内容便是意识形态。古言"文以载道"，意指文章是用以承载和传播道理和观念的载体，而此处之"道"不仅仅是指道理，还指社会运行之道，与意识形态建设紧密相关。我国的意识形态建设的目的是，夯实人民共同的思想基础以构建文化与民族认同，从而减少思想冲突，提高民族凝聚力，维护祖国统一和民族团结，促进国家经济社会发展。建设意识形态不仅需要发挥主流意识形态的引导力，还需要把其传递的价值观念通过政治、经济、文化手段全方位融入社会生活实践中去。

二、现实困境：数字经济发展带来的多元冲击

信息技术革命带来了经济发展模式的数字化转型。数字技术一方面作为生产的技术要素实现文化产业的提能增效，另一方面也扩大消费市场的时空边界，形成相对开放和去中心化的虚拟消费空间。这两个变化一是加剧了市场逐利性的趋向和生产主体多元化，导致数字文化产品良莠不齐和主流意识形态的优秀作品缺位；二是放大数字资本对市场运作的控制，加剧多元社会思潮的冲击，不利于我国意识形态建设。

---

① 中国互联网信息中心. 第 51 次中国互联网络发展统计报告［R/OL］.（2023–03–02）［2023–07–15］. https://www.cnnic.net.cn/NMediaFile/2023/0322/MAIN16794576367190GBA2HA1KQ.pdf.

（一）数字崇拜：生产主体多元化和消费空间去中心化

数字技术对于数字文化产业而言是一把双刃剑。数字技术在丰富文化产品种类和扩大消费市场的同时，也带来生产主体多元化、把关机制的技术转向、消费空间去中心化等变化。虽然大众主流文化影视作品得到了市场认可，但仍存在主流意识形态在数字文化产业发展中引领力不足、文化产品质量良莠不齐、市场运作监管不力等问题，威胁我国意识形态安全。

数字文化产业市场体系由文化主体市场、文化产品市场、文化要素市场3部分构成。数字技术的出现降低了文化产品生产的门槛，出现"人人皆可创作"的群体生产和传播现象。大量用户生成内容逐渐占据文化市场，带来了生产主体多元化的现象。文化产品质量差不仅体现在思想意识层面的意识形态觉悟不足，也体现在实践层面的文化产品创作和生产过程专业性不够。在文化产品市场中，当文化产品的生产缺乏主流价值观的引导和专业性把控就会导致在市场中流通的产品良莠不齐，不利于维护我国意识形态安全和建设。如央视点名批评《东八区的先生们》使用霸总人设和低俗剧情吸睛，《我叫刘金凤》粗制滥造过度跟风模仿外国风格，《雷霆战将》套用偶像剧路数应用于抗日题材等问题剧目，带来的不良社会影响；再如2018年网信办剑网专项行动肃清了57万余部短视频，仍不能有效解决文化产品抄袭和同质化问题。而在文化要素市场之中，用户行为和兴趣数据已然成为一种具有商业价值的数据资产，辅之以个性化推荐算法，各大企业可以定点、定向、定量地通过精准营销触达消费者，一步步获得从"种草"到"收割"的转化，获取经济效益。同时，数字算法也让消费者被动陷入"碎片式""去中心化""茧房式"的文化消费环境。因为筛选产品与信息的"把关人"从人变为算法与技术，内容的控制权变成了"伪中立"的算法技术。而传播主流意识形态的文化产品因其有抽象性、严肃性和厚重感等特征，被挡在消费"茧房"之外，无法得到有效传播和反馈。久而久之，"去中心化"的消费市场会导致人们认知窄化，会消解人们对主流意识形态的认识和理解，弱化我国社会主义主流意识形态的领导地位。[①]

（二）舍本逐利：市场逻辑侵害数字文化产业社会效益

市场经济是一种以市场为手段配置社会资源的经济形式，逐利性是市场经济的本质。数字文化产业是文化与经济的数字化融合新形式，通过生产数字文化产品

---

① 卢晓雯，李俊奎.网络意识形态安全治理中的"过滤气泡"负效应分析［J］.东南大学学报（哲学社会科学版），2022（5）：113-120.

创造经济价值并实现利润，具有商品和意识形态双重价值，且意识形态是本质属性，因此数字文化产业不仅要符合市场经济的运作规律，也应肩负维护社会效益的责任。

数字技术与算法因其创新性和自适应性会放大市场的逐利逻辑，对数字文化产业的社会效益产生负面影响，不利于维护我国意识形态安全。社会存在的任何变化都会反映在社会意识之中。数字技术一方面解放和发展了数字文化产业的生产力，增强了文化生产主体的竞争和效率观念；另一方面也加剧了具有个人性、功利性、自由性的供需原则和交换原则等经济原则对我国社会主义市场经济的渗透，逐渐改变人们的认知，加速拜金主义、享乐主义、唯利是图等消极观念在"去中心化"数字文化场域内的蔓延速度。一直以来，繁荣发展文化事业和文化产业都应以社会效益为主，兼顾社会效益与经济效益。但无情的算法和无边的市场打破了社会效益和经济效益的地位平衡。市场经济的逐利性和推荐算法的个人主义逻辑让多元生产主体一味生产和提供所谓具有"高净值"特性的文化产品，而忽视其肩负的社会效益，不仅导致主流意识形态的优秀作品供给不足，还令消费市场中充斥劣质大众文化产品，有碍于我国意识形态的建设。

（三）多元思潮：冲击数字文化产业中的意识形态安全

意识形态安全是数字文化产业应坚持的正确政治导向和发展保障，更是国家文化安全的核心内容。技术赋权的数字文化产业构建了无时空界限的消费场域，反而进一步导致认知失衡和多元社会思潮传播，加剧其对我国意识形态安全的冲击与侵蚀。

社会意识是社会存在的反映。意识形态因各个国家发展历史和社会现实的不同而具有本质差异，因此在文化交流中势必存在着意识形态之间的冲击和对抗。而不同意识形态之间的斗争和较量带来的是认同竞争，认同正是意识形态安全的核心要素。[1]随着我国经济社会的数字化转型和文化产业结构的调整，数字文化市场中流通的文化产品越来越丰富，但也存在西方资本主义文化通过易于被人接受的口号式和快餐式文化产品，有计划有目的地向我国数字文化市场输入"普世价值""新自由主义""历史虚无主义"等不利于我国意识形态建设的反动社会思潮。这些西方价值观表面上是让民众自主进行文化产品的选择，实际上是对我国进行直接或间接的意识形态渗透，改变主流价值导向，进行利他性社会资源整合。"乱花渐欲迷人眼"，

---

[1] 唐爱军. 论意识形态安全［J］. 马克思主义研究，2022（06）：125-135+156.

人们整日浸泡在日趋复杂的文化消费市场之中，价值取向呈现出不稳定取向，容易受到外界其他意识形态的影响进而产生认知失衡，威胁我国意识形态安全。

综上所述，数字文化产业一方面借助数字技术提高了生产效率；另一方面也因技术赋权导致了数字文化产业中生产主体多元化，市场逻辑加速侵蚀社会效益。搭建在技术和算法之上的"去中心化"消费空间亦加剧多元思潮对于我国意识形态安全的冲击，增加了数字文化产业中维护意识形态安全难度。

三、强心赋能：各主体协同维护意识形态安全

面对威胁我国意识形态安全和阻碍意识形态建设的挑战，数字文化应在产业发展过程中进行多方参与的协同建设。数字文化企业应善用技术从产业链各个环节进行把控；文化产品消费者应提升文化素养和价值辨析力，增加我国主流意识形态认同；政府及相关部门应以政策为手段，鼓励多方参与协同治理，共同守护主流意识形态主导地位，营造有利于意识形态建设的数字文化产业生态。

（一）企业层面：合理利用技术，统筹各个环节参与建设

面对生产主体多元化和消费市场去中心化的趋势，数字文化企业应合理利用数字技术，从数字文化产业的供给和消费两端所涉及的环节进行统筹把握，生产创作优质文化产品以保证供给，再以算法机制把控和调整市场流通逻辑，保证一定数量的主流意识形态文化作品的展示与传播，坚持我国先进文化前进方向，把社会效益置于首位，把社会效益和经济效益统一起来。

数字文化产品的创作和生产要保证供给质与量的合理与平衡。一是基于内容为王的逻辑，利用数字技术生产具有优秀且"平易近人"的数字文化产品。以中华优秀传统文化为丰厚基础，根据我国时代发展新趋势和新要求，运用数字技术赋予古今通理以新义，以现代化思维和数字化形式把握中华优秀传统文化的传承创新，比如新主流影视作品的创作和新形式民俗主题综艺等。在方法论上，需要坚持以人民为中心的创作思路，取之于民用之于民，生产可以满足人们精神层面需求的文化产品，多维促进人的全面发展。二是在提能增效的同时，文化生产主体也应对生产内容进行意识形态层面的自我审查和判断，以社会效益为主，兼顾社会效益与经济效益，不能任由逐利的市场逻辑和资本本性控制数字文化产业的供给侧结构，而单一聚焦于生产易传播易获利的大众文化产品。

数字文化产品的消费市场要保障方向的正确与环境安全。信息时代的平台社会

悄然莅临，无人能逃脱数字资本通过平台构建的新秩序。数字文化产业的市场也因为数字技术和算法的发展呈现去中心化和平台化等特点，根本逻辑是算法作为一种权力控制着市场运作的逻辑。为了维护数字文化产品消费市场的意识形态安全，数字文化企业在算法开发和利用上不应向"流量为王"的趋势低头，应以维护我国意识形态安全为顶层设计和推荐算法开发的前置条件，保证有一定数量的优秀主流意识形态作品在市场中流通，而不是一味地推荐消费者个人偏好的内容加剧信息茧房现象。另外，数字文化市场平台也应加强意识形态安全层面的数字监督，建立数字信息安全投诉和网络举报等机制，激发民众参与管理监督的积极性，预防和抵御多元社会思潮冲击，共同维护消费市场的意识形态安全。

（二）个体层面：提升文化素养，培养主流意识形态认同

数字文化产业符合市场经济发展规律，受供需关系调节，而信息时代加强个人的主体性和差异性，增加了数字文化市场对个体需求的依赖程度。人民作为文化产品和文化服务的个体消费者，是参与意识形态建设的最小单位。因而，人们应在数字文化产品的消费过程中提升个人文化素养和是非辨别力，主动培养我国主流意识形态认同，共同参与维护数字文化市场中的意识形态安全。

文化素养和鉴别力的提升可以加深对我国意识形态的认识，从认知层面引导个体消费者改变文化产品消费行为，在互动中优化算法机制，营造良好的数字文化市场环境。算法机制是在与用户的互动之中不断调整其适配性进而优化推荐内容的。数字文化产品的选择固然受到个人喜好和推荐算法的互动式影响，但消费者具备的文化素养和是非鉴别力对于数字文化产业中意识形态建设同样重要。一是消费者通过主动选择和消费主流媒体或文化企业生产的优质数字文化产品提升自身文化素养并滋养价值观，在正确意识形态引导之下学以致用，结合文化市场的复杂性和多变性，练就辨别数字文化产品是非和优劣的能力，防止在不经意间受到多元社会思潮的荼毒。二是通过文化素养和鉴别能力的提高加深对于我国意识形态工作的认识，做到主动培养主流意识形态的价值认同，客观辩证地消费数字文化产品，促进自身精神生活发展，用人的价值理性驾驭算法的工具理性，通过自身的选择和消费在与算法的互动之中影响"个性化"推送的数字逻辑，以点带面地净化数字文化市场环境。

（三）政府层面：以政策为手段，筑牢主流意识形态地位

随着数字技术的创新性发展，数字文化产业也处于不断变化的发展状态之中。结合多元生产主体和去中心化的市场消费环境等不利于我国意识形态建设的现实情况，需要政府及相关部门起主导作用，通过政策引导和扶持，促进多主体协作治理，共同建设符合我国意识形态建设要求的数字文化产业。

政府及相关部门要在参与建设主流意识形态的过程中扮演重要角色，通过制定数字文化产业的政策和规定来维护消费市场秩序并扶持要素市场发展。首先，在政策和规定制定前要正确把握主流意识形态的指导思想，发展繁荣文化产业，应以社会效益为主，兼顾社会效益与经济效益。其次，政府需要兼顾"管"与"促"，有针对性地出台管理办法和政策规定，既要发挥数字文化产业的社会效益传播主流价值观，又要充分调动其发展活力，促进数字文化产业高质量发展。在文化产业现有的法律体系和政策规定体系之下，政府及相关部门应针对数字文化产业发展现状中不利于我国意识形态建设的问题，进行修订和制定新政策。如考虑《网络信息内容生态治理规定》《互联网信息服务算法管理办法》等现行网络管理办法是否适配当下数字文化产业，是否重新修订或制定新的政策，从而维护数字文化产业市场秩序。与此同时，政府及相关部门也应重视支持文化要素市场的创新发展，通过培养数字文化人才、扶植主流媒体、鼓励数字技术创新等具体政策的落实，全要素统筹共同助力我国意识形态安全。最后，应依托政府及相关部门的权威和治理能力有效统筹各方主体，以平等共赢的态度促进主体间的交流，既要突出党政的领导地位，又要实现与数字文化产业中多元文化要素的结合，共筑我国意识形态安全。

"文以载道，以文化人"，意识形态的安全与建设是我国重要的文化强国使命与任务。数字技术的创新和运用一方面促进数字文化产业高速发展，另一方面也带来了优秀主流意识形态作品缺位、文化消费受众辨别力不足、数字消费市场受到市场规律、资本逻辑和多元社会思潮冲击等危害我国意识形态安全的问题。数字文化产业的繁荣和发展应基于我国社会现实选择合适的数字化发展策略，坚持把社会效益放在首位、社会效益和经济效益相统一的发展主旨，通过数字文化企业、消费个体和政府及相关部门的多元协作治理，共同参与我国意识形态建设，增加文化自信，实现文化强国。

参考文献

[1] 高书生. 国家文化数字化战略：背景与布局 [J]. 河北师范大学学报（哲学社会科学版），2022（5）：11-18.

[2] 新华社. 习近平：决胜全面建成小康社会 夺取新时代中国特色社会主义伟大胜利——在中国共产党第十九次全国代表大会上的报告 [EB/OL]. (2017–10–27) [2022–11–23]. http：

//www.xinhuanet.com/politics/19cpcnc/2017-10/27/c_1121867529.htm.

[3] 江小涓. 数字时代的技术与文化 [J]. 中国社会科学, 2021 (08): 4-34+204.

[4] 国家统计局. 2023年上半年全国规模以上文化及相关产业企业营业收入增长7.3% [EB/OL]. (2023-07-30) [2023-07-30].http://www.stats.gov.cn/sj/zxfb/202307/t20230728_1941597.html.

[5] 侯景娟. 文化产业意识形态效应的理论阐释及其启示 [J]. 江西社会科学, 2018, 38 (04): 246-253.

[6] 习近平. 习近平总书记系列重要讲话读本 [M]. 北京: 人民出版社, 2016: 208.

[7] 毛泽东. 毛泽东选集 (第二卷) [M]. 北京: 人民出版社, 1991: 663-664.

[8] 石磊, 胡海宁. 以文化产业为媒介的主流意识形态传播——以马克思主义生活世界理论为指引 [J]. 江西社会科学, 2020, 40 (05): 24-31.

[9] 朱晓彤. 数字技术的意识形态属性与发展进路 [J]. 思想理论教育, 2022 (11): 86-92.

[10] 中国互联网信息中心. 第51次中国互联网络发展统计报告 [R/OL]. (2023-03-02) [2023-07-15]. https://www.cnnic.net.cn/NMediaFile/2023/0322/MAIN16794576367190GBA2HA-1KQ.pdf.

[11] 卢晓雯, 李俊奎. 网络意识形态安全治理中的"过滤气泡"负效应分析 [J]. 东南大学学报 (哲学社会科学版), 2022 (5): 113-120.

[12] 唐爱军. 论意识形态安全 [J]. 马克思主义研究, 2022 (06): 125-135+156.

中国古代物质文化的延续性与创新力
——以唐代金银香囊艺术形式的广域流传与创意反思为例

李晨溪[①]

（北京理工大学，北京 100081）

【内容提要】 中国古代物质文化光辉璀璨，探究其流传现象可洞悉中华文明的精神内核与发展旁证，丰富文化产业的创新内涵。唐代金银香囊是中国古代具有文化代表性的器物，其艺术形式跨越千年，于今日蓬勃复苏并显现出充沛的文化创意属性。党的二十大关于激发民族文化创新创造活力的国策将对同类型艺术形式的古代物质文化产生进一步积极的影响。本文以唐代金银香囊的艺术形式为例，通过田野调查、量化分析与设计学标本案例研究方法，分析中国古代物质文化的历史延续性与创新价值，论述中国文化产业中，基于古代物质文化的产品创意特色。

【关键词】 唐代金银香囊艺术形式；延续性；创新力；文创产品

The Continuity And Innovation Of Materiality and Culture For Ancient Chinese Treasures
——Taking the Wide Spread and Industrial Activation of the Art Form of Tang Globular Censer as an Example

Abstract: The ancient material culture of China is brilliant. Exploring its spreading can provide insights into the spiritual core and circumstantial evidence of the development of Chinese civilization, and enrich the innovative connotation of the cultural industry. Tang glob-

---

[①] 李晨溪，女，艺术学博士，北京理工大学博士后。主要方向：中国传统服饰设计创新研究。

ular censer is a cultural representative artifact in ancient China. Its art form has gone through thousands of years, and is thriving and showing abundant cultural creativity today. The policies of the 20th National Congress on stimulating the innovation and creativity of national culture have a further positive impact on the ancient treasures of the same type of art forms. Taking the art form of Tang globular censer as an example, this paper analyzes the historical continuity and innovative value of materiality and culture for ancient Chinese treasures through field research, quantitative analysis and case study of design specimens, and discusses the creative features of products based on materiality and culture for ancient treasures in Chinese cultural industry.

Key words: Art Form of Tang Globular Censer; continuity; innovation; cultural and creative products

前 言

中华文明跨越数千年，光辉璀璨。中国古代物质文化绵延传承且特色鲜明。其中，唐代金银香囊的艺术形式具有特殊代表性。《诗经》与《易经》中可见"香"[①]与"囊"[②]的描述。《离骚》中"椒专佞以慢慆兮，椒又欲充夫佩帏"，按东汉王逸注《楚辞章句》注释"帏，盛香之囊"，"佩帏"即佩带香囊，《辞源》解释作"盛香料的小囊佩于身或悬于帐以为饰物"。自先秦至今两千年的历史中，有关香囊的记载与物证未曾间断，其名称被普遍理解为广义的描述性概念，即盛放"香"之"囊"。香囊之初，古人便将其作为饰物使用，以香囊寄托闲逸风雅或作情感传递的信物，后逐渐成为士人幽雅情趣与审美趋向的一支源流。香囊形式繁多，按材质可分为织物香囊、金属香囊、玉石香囊、骨质4类。唐代金银香囊归于金属香囊类，这一时期的金属工艺具有历史代表性。盛唐物资富庶且矿石冶炼制造技术相对成熟，具备金银器制作的物质基础。皇家金银作坊、文思院等机构的专属配给为工艺攀升提供了条件，而文化艺术的繁荣又激发了工匠们的艺术创造力。同时期的政治统治相对开明，社会风尚在丝绸之路不断拓通中更迭通达，外来文明与本土技艺多元融合，波斯、粟特金银工艺随之渗入，造就了唐代金银器极高的艺术成就。唐代金银香囊便是香囊的广义文化概念与唐代金银器的交会产物，其艺术形式的产生、表现、发展、

---

① 高春明. 中国服饰名物考 [M]. 上海：上海文化出版社，2001：686-687.
② 〔汉〕郑玄. 毛诗正义（卷十七），十三经注疏本 [M]. 北京：中华书局，1980：540.

演变对唐代及唐代以后的佩饰文化、金银工艺、古代力学及造物思想都产生了影响，其流传过程则作用于以丝绸之路沿线为主要区域范围的艺术发展。由唐代金银香囊的艺术形式可牵引出中国古代审美趣味及唐代工艺美术形式对世界艺术发展产生的实际影响。在研究丰富古代丝绸之路人文艺术学术价值的同时，本文还讨论了其价值与当代青年群体之间的关系，分析了其传承延续形式，以此论证中国古代物质文化在当代文化产业中价值持续转化的可行路径。

一、唐代金银香囊艺术形式的概念特征

（一）双重概念交会融合的文化特征

唐代金银香囊艺术形式的源流可追溯文化概念与物质概念两条线索，两者会合为唐代金银香囊的完整溯源。文化源流归属香囊的广义概念，物质源流则产生焚燃熏香与取暖的功能需求。中国古代自先秦已有使用香料的文献记载，至汉代香炉盛行，其间出现了内含常平架结构的香炉，即唐代金银香囊物质结构的雏形。

1987 年，陕西省扶风县法门寺地宫出土两件圆球形金属器及记录皇家供奉名录的碑刻——"应从重真寺随真身供养道具及恩赐金银宝涵等并新恩赐到金银宝器衣物帐"[①]。碑刻中"香囊二枚，重十五两三分"的记述与两件圆球形金属器相吻合。依据二重证据可判定这种外部镂空球体、内部以常平架结构置香盂于中心的可开合金属熏香器名为"香囊"。唐代慧琳僧《一切经音义》中写道，"案香囊者，烧香器物也。以铜、铁、金、银玲珑圆作，内有香囊，机关巧智，虽外纵横圆转，而内常平，能使不倾。妃后贵人之所用之也"，也印证了以上描述。[②] 该描述涉及香囊功能、材质、外部形态、内部结构及使用人群，与法门寺两件出土香囊的情况一致。由此可知，唐代金银香囊除装饰作用外，另有熏燃用香及取暖的功能，此功能不属于香囊原先的概念范围，这就使得唐代金银香囊具有独立于广义香囊概念之外的物质属性及特定的结构形制。

（二）东方审美意涵的物质特征

本文研究共搜集现存唐代金银香囊样本数据 18 例，如表 1 所示：

---

① 陕西省考古研究院，法门寺博物馆，宝鸡市文物局，扶风县博物馆. 法门寺考古发掘报告（下）[M]. 北京：文物出版社，2007：202-203.
② 〔唐〕慧琳. 一切经音义（卷七）。大般若波罗蜜多经第五百四十卷[M]. 上海：上海古籍出版社，1986：260.

表1 现存唐代金银香囊信息表

编号	出土地	现存地	名称
1	陕西何家村窖藏	陕西历史博物馆	葡萄花鸟纹银香囊
2	陕西扶风法门寺	法门寺博物馆	鎏金雀鸟纹镂空银香囊
3	陕西扶风法门寺	法门寺博物馆	鎏金双蜂团花纹镂空银香囊
4	陕西沙坡村窖藏	中国国家博物馆	瓜棱形银香囊
5	陕西沙坡村窖藏	中国国家博物馆	石榴花瑞鸟纹银香囊
6	陕西沙坡村窖藏	陕西历史博物馆	镂空缠枝纹银香囊
7	陕西沙坡村窖藏	中国国家博物馆	鎏金银香囊
8	1965陕西西安市雁塔区三兆村唐墓/一说陕西省咸阳市窑店唐墓	西安博物院	桃形忍冬花银香囊
9	出土不详,来源:四川三台县文物管理所、三台县博物馆	成都博物馆	花鸟纹金香囊
10	圣武天皇传世	日本正仓院	Silver Incense Burner
11	圣武天皇传世	日本正仓院	Copper Incense Burner
12	传世藏品	日本美秀美术馆	Globular Censer
13	传世藏品	美国大都会博物馆	Censer
14	传世藏品	瑞典卡尔·坎普收藏	鹦鹉葡萄纹银香囊
15	传世藏品	瑞典卡尔·坎普收藏	葡萄花鸟纹银香囊
16	传世藏品	英国维多利亚阿尔伯特博物馆	Censer
17	传世藏品	英国维多利亚阿尔伯特博物馆	Censer
18	传世藏品	美国纳尔逊阿特金斯博物馆	Pierced Censer

1.形态结构

现存18件唐代金银香囊中,17件为金、银或金银结合材质,1件为铜质,尺寸为4至8cm的小型规格共14件,12cm以上的大型规格共4件。等比尺寸形象见表2-1、表2-2,尺寸最大者与最小者之间相差约20cm。唐代金银香囊细巧精工、尺寸差别之大与使用场景密切相关。

表 2-1　现存唐代金银香囊尺寸、比例图 1

编号	1-1	1-2	1-3	1-4	1-5	1-6	1-7	1-8	1-9
高（cm）	4.5	5.8	12.8	5.3	5	5	5.1	6	6.6
宽（cm）	4.5	5.8	12.8	4.5	4.8	4.8	4.8	5.4	6.6
等比例缩略图（5cm 直径体图示）	○	○	○	○	○	○	○	○	○

表 2-2　现存唐代金银香囊尺寸、比例图 2

编号	1-10	1-11	1-12	1-13	1-14	1-15	1-16	1-17	1-18
高（cm）	18.8	24.2	14	6	5	4.3	7.5	7.5	5.08
宽（cm）	18	24.2	14	6	5	4.3	7.5	7.5	5.08
等比例缩略图（5cm 直径体图示）	○	○	○	○	○	○	○	○	○

唐代金银香囊的主要功能有装饰、熏香与取暖。其中，熏香又分近身佩戴熏香、熏衣熏被、室内或车舆环境熏香 3 类。取暖香囊则分近身取暖、室内或车舆取暖 2 类。在这样的功能场景细分中，近身熏香、取暖最为普遍，描绘如白居易诗"拂胸轻粉絮，暖手小香囊"[1]，元稹诗"顺俗唯团转，居中莫动摇。爱君心不侧，犹讶火长烧"[2]。小型规格的金银香囊便于携带；大型规格的携带不便，使用方式为水平放置或悬挂。携带或静置中控制内盂构造的常平架结构是其重要的物质特征，常平架

---

[1] 〔唐〕白居易．江南喜逢萧九彻因话长安旧游戏赠五十韵，全唐诗（卷四六二）[M]．北京：中华书局，1960：5253．

[2] 〔唐〕元稹．香球，全唐诗（卷四一〇）[M]．北京：中华书局，1960：4552．

力学现象遵循现代陀螺仪原理。

2.纹样构成

唐代金银香囊球体锤揲成形，表面或作鎏金，又以錾刻及镂空工艺呈现纹样。纹样统计如表3。

表3 现存唐代金银香囊纹样类型

编号	主体纹样类型	背景纹样类型
1	雀鸟纹；葡萄纹；缠枝石榴花纹	缠枝纹
2	环形鸿雁纹、石榴花纹；三角形石榴花纹；大叶石榴花纹	大叶石榴花卷草纹；鱼子地
3	团花双蜂纹、四蜂纹、石榴花叶纹；大叶石榴花纹	大叶石榴花卷草纹；鱼子地；缠枝纹
4	团花瓜棱形；规则缠枝花-忍冬纹	规则缠枝花忍冬纹
5	鸟形团花雀鸟纹、鸿雁纹、鸳鸯纹、六瓣花纹；缠枝石榴花纹	缠枝纹
6	鹦鹉纹；葡萄纹；缠枝石榴花纹	缠枝纹
7	团花雀鸟纹、石榴花纹；缠枝石榴花纹	缠枝纹；鱼子地
8	桃形缠枝花几何纹	缠枝纹
9	凤鸟纹；缠枝石榴花纹	缠枝纹
10	凤鸟纹；狮兽纹；卷叶缠枝纹	卷叶缠枝卷草纹
11	团花规则缠枝花忍冬纹；三瓣花纹几何纹	规则缠枝团花忍冬纹
12	团花多种花型纹；大叶石榴花纹	大叶石榴花卷草纹；鱼子地
13	雀鸟纹；缠枝卷草纹；葡萄纹	卷叶缠枝卷草纹；鱼子地
14	鹦鹉纹；葡萄纹；缠枝纹	缠枝纹
15	雀鸟纹；葡萄纹；缠枝纹	缠枝纹
16	雀鸟纹；葡萄纹；石榴花纹；缠枝石榴花纹	缠枝纹
17	鸟形纹；缠枝纹	缠枝纹
18	葡萄纹；缠枝纹	缠枝纹

唐代金银香囊的纹样以鸟凤、蜂蝶、兽为代表的动物纹，石榴花、葡萄花叶为代表的花叶纹，以及以缠枝、卷草与鱼子地为代表的背景纹为主要元素。典型纹样为鸟纹、葡萄纹与石榴花纹，纹样内容体现出域内与域外融合的唐代特色。现存唐代金银香囊中有11件含鸟形纹。鸟形是单体特征鲜明的纹样元素，唐代金银香囊中出现的鸟类形象生动，可由形态辨析种属大致为雀鸟（鹊鸟）、鹦鹉、鸳鸯、戴胜及凤鸟等。鸟形纹样以鸟类头、翅、胸、背、尾为典型特征。现存唐代金银香囊中有9件含石榴花纹。石榴随丝绸之路引进，因红色且多籽与中国古代以红色为吉祥且多子多福的传统理念一致，被域内迅速接纳。诗文描绘其"眉黛夺将萱草色，红裙妒杀石榴花"。石榴纹样广泛出现于唐代金银器与纺织品中，花形态以花冠膨大舒展，花萼收紧为典型特征，是唐代典型的装饰纹样。现存唐代金银香囊中6件含葡萄纹。以簇状多籽为特征的葡萄纹样繁茂生动，在唐代被广泛地运用于艺术创作，成为受众广泛的经典。

在纹样结构的呈现上，香囊球体表面的纹样结构形式不拘泥于单一形态，显示出灵动律动、秩序规律及两者相互结合而成的不同形态。在固定的圆球形规则中，18件实物案例表现出多种饱满的视觉效果，装饰性灵活丰富。香囊按纹样骨架形式进行简化归纳，可呈现出4种结构规律，分别为以葡萄纹及石榴花鸟纹、石榴花鸟纹、葡萄纹、石榴花纹与缠枝纹或卷草纹组合而成的结构形式，含有团花的结构形式，几何化的结构形式及卷草纹与动物纹组成的结构形式。

3. 熏香情境的装饰艺术

唐代香料使用盛行，唐代金银香囊的艺术形式包含熏香装饰艺术效果。唐代及唐后有关香囊意象的诗文中，对"香"描绘增添了诗文的情境感受，如章孝标《少年行》中"平明小猎出中牟，异国名香满袖薰"。唐代贵族熏香具有明显异域香调偏好。宋代洪刍、陈敬撰《陈氏香谱》记载"香毬"（金银香囊别称）配方"石芝、艾纳各一两，酸枣肉半两，沉香一分，甲香半钱制，梅花龙脑半钱，另研麝香少许"[①]。其中，石芝、艾纳产自本土岭南道；酸枣产自本土河南道及山南道大部分地区；沉香产自异域安南边境地区；梅花龙脑属龙脑香，产自异域婆罗洲；麝香产自本土关内道、河北道、山南道、陇右道、剑南道等地区。异国香料与本土香料配比融合，研磨制作香丸或香粉后，焚烧出香，龙脑清凉醒目，麝香甜辛、沉香清醇，混合而成的香气清爽宜人，具有明显本土与异域香调融合的饱和气息。唐代熏

---

① 〔宋〕洪刍，陈敬. 四库全书. 陈氏香谱［M］. 北京：中国书店出版社，2018：263.

香活动因地域不同，呈现多种香料配方，适用于不同的熏香环境，满足不同的场景需求。

对外交流繁盛为唐代异国香料的使用提供了物质基础与选择条件。域内香料产区丰富，麝香（关内道、河北道、山南道、陇右道、剑南道产）、沉香（岭南道产）、甲香（江南道、岭南道产）、乳香（岭南道产）……域外大量香料朝贡，《册府元龟》中载：贞观十六年（642），乌苌进贡龙脑香；贞观二十一年（648），陀洹进贡婆律膏、伽毗进贡郁金香等①。唐代贸易进口大量香料，檀香、沉香、龙脑香、广藿香、安息香、苏合香、乳香、没药受欢迎度高。域外香料使唐代金银香囊熏香效果进一步升级，也使其艺术形式的意蕴基调与联想层次更加饱满立体。唐代金银香囊艺术形式的外在、内核与情境相融，具有丰富而立体的艺术结构，同时具备多种的艺术表现力，以该艺术形式为代表的诸多古代物质文化共同构建了中国历史文明的东方意涵。

二、唐代金银香囊艺术形式的历史延续性

（一）广域流传过程中恒定的文化内核

唐代金银香囊呈现出外部镂空球体、内部以常平架结构置香盂于中心的可开合金属熏香器的艺术形式。由国内现存6例唐代宫廷制作的金银香囊可以看出，唐代金银香囊的艺术形式在唐代后持续流传，于域内呈现出珐琅形制等具有朝代特征的工艺美术形式。由海外现存43例金银香囊文物可以看出，域外唐代金银香囊艺术形式的流传路线随丝绸之路沿线，向西经中亚、西亚、北非区域，指向欧洲地区，向东指向东亚其他地区，并呈现出丰富的域外艺术特色。

在漫长的历史过程中，唐代金银香囊的艺术形式是其物质文化载体，丰富的艺术发散与延展性呈现相关联的艺术创作。古代诗歌描绘香囊，如东汉繁钦《定情诗》"何以致叩叩？香囊系肘后"，汉乐府诗《孔雀东南飞》"红罗复斗帐，四角垂香囊"，唐代王琚《美女篇》"屈曲屏风绕象床，菱藕翠帐缀香囊"，唐代孙光宪《遐方怨》"红绶带，锦香囊。为表花前意，殷勤赠玉郎"，唐代胡杲《七老会诗》"凿落满斟判酩酊，香囊高挂任氤氲"，北宋琴操《满庭芳》"销魂。当此际，香囊暗解，罗带轻分"，南宋黄机《祝英台近》"谩有罗带香囊，殷红斗轻翠"，金代王寂《采

---

① 李玲玲. 唐代香料消费相关问题研究［D］. 西北大学，2015.

桑子·用司马才叔韵》"罗带香囊取次分"，宋代姚述尧《念奴娇》"醉面匀红，香囊暗惹，鹊尾烟频炷"，宋代曹勋《床前帐》"蜀锦床前帐，四角垂香囊"，宋代陈克《谒金门》"红地团花金解络。香囊垂四角"。诗歌营造香气氤氲或暗香传情的联想，意象描绘出或喜庆，或感伤，或幽雅，或精巧的场景，饱含具有东方格调与气度的美感。这种艺术创作的关联衍生不只发生于域内，日本和歌物语中可见相似情境的描绘："忽闻五月橘花香，恍若古人衣袖香"[①]"秋风芒草添惆怅，似带故人衣袂香"[②]"缤纷宫衣飘香袂，独爱佳人着深绯"[③]。日本传统服装同唐代形制一样，宽博，具大袖，可佩戴香囊于衣袖内而香气四溢。宋代陆游《老学庵笔记》中，"京师承平时，宗室戚里岁时入禁中。妇女上辇车，皆用二小鬟持香球在旁，而袖中又自持两小香球。车驰过，香烟如云，数里不绝，尘土皆香"。这里的"香球"即金银香囊，"袖中自持"的使用方式与和歌物语中"衣袖香"为同一形式。唐代丝绸之路的东向拓达，向以日本为典型的东亚地区输送了"衣袖香""飘香袂"的艺术形式与衍生艺术的创作灵感。

相关联的艺术创作见于江户时代（1603—1867）的浮世绘作品。现存于芝加哥艺术博物馆的香囊美人浮世绘是江户时代艺术家鱼屋北溪（Toyota Hokkei，1780—1850）的版画作品[④]。如图1所示，画作完成于日本仁孝天皇（1800—1846）年间，画幅长20.2厘米，宽18.2厘米，署名于左下角，并有章印。画面描绘红裙女子端坐在前，后方悬挂金银香囊一件。画中附文字两组题：

"花の雲月に多奈（たな）むく風情あう徒（つ或と）—香爐（こうろ）の香（か）乃（の）空炷（そらだき）"

"阿良玉（あらたま）の光りをうけ天（て）山の端に匂ふ朝日ぞ—奈（な）る"

意为"无论是樱花绽放时节夜空中白云密布遮掩皓月，还是从悬挂香囊中飘出的阵阵幽香，皆富有情趣；从山边升起的冉冉朝阳照耀在香囊之上，反射出灿烂的光芒"。后第三组题词意则抒发了对香囊与衣袖之香的咏叹。三组和歌后缀名为"**彌**

[①] 日本和歌物语集［M］.张龙妹，邱春泉，廖荣发，译.北京：外语教学与研究出版社，2015：41.
[②] 日本和歌物语集［M］.张龙妹，邱春泉，廖荣发，译.北京：外语教学与研究出版社，2015：100.
[③] 日本和歌物语集［M］.张龙妹，邱春泉，廖荣发，译.北京：外语教学与研究出版社，2015：144.
[④] 美国芝加哥艺术博物馆数据，1925：2947.

年垣真鬼""美和垣真樽""狂歌堂真颜",为和歌作者。画作里女子神态温婉,香囊描绘细致,和歌题字流畅。相同内容的画作可见于维也纳实用艺术博物馆①(如图2),与芝加哥艺术博物馆藏同年绘制,图像内容一致,和歌题字部分保留了前者的第二组"美和垣真樽"和歌,画幅同长。

图1　芝加哥艺术博物馆藏鱼屋北溪浮世绘　　图2　维也纳实用艺术博物馆藏鱼屋北溪浮世绘

画中金银香囊与日本《丹鹤图谱》中"香囊形"基本一致②,且附"香囊"含义注解。画中香囊保留唐代金银香囊的球形主体结构,在此基础上增加了结绳坠饰,纹饰呈流云状,同《丹鹤图谱》中"香囊形"近似,与唐代金银香囊结构相同(如图3)。

唐代金银香囊艺术形式随丝绸之路沿线的广域流传展现出中国古代物质文化的历史延续性。这种延续在一定程度上超越了物质本身,启发出特定的联想空间——香气氤氲优雅蠲洁的厅室、衣袂飘飘婉转传情的恋人、鲜衣怒马胡人装扮的少年、服饰宽博的异域旅人,又或与之相关的历史文学故事。唐代金银香囊艺术形式的意涵是外在、内核与情境相融的,它以丰富而立体的艺术结构关联历史文明的记忆,并构建具有东方审美特征的联想空间。

---

① 奥地利维也纳实用艺术博物馆数据,KI 7624-8.
② 东京国立博物馆数据,C0077984.

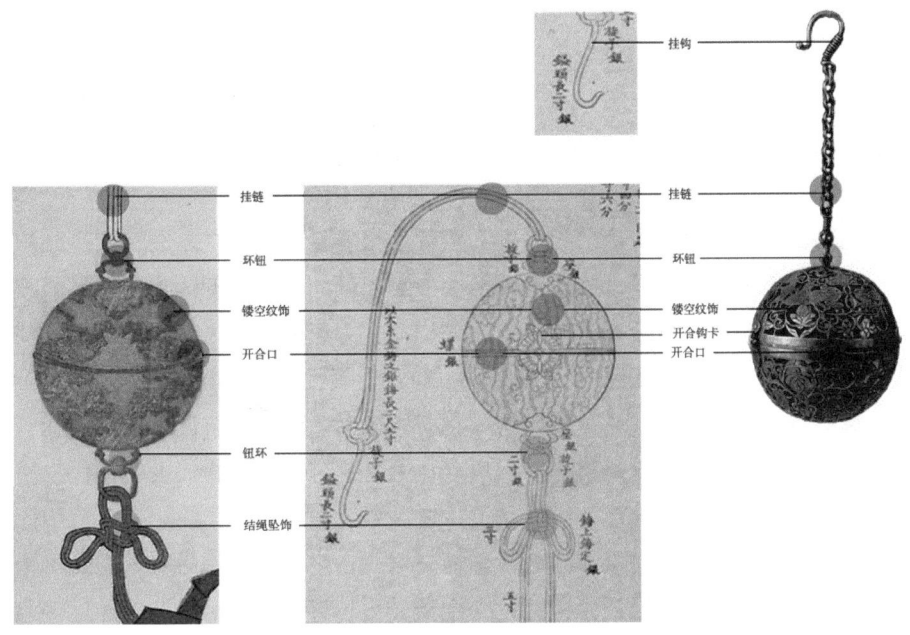

图 3　鱼屋北溪浮世绘局部（左）、《丹鹤图谱》香囊图局部（中）
　　　与陕西历史博物馆藏葡萄花鸟纹银香囊（右）对比图

（二）当代媒介作用下的还原与传承

唐代金银香囊艺术形式的东方意涵存在于中华文明的基因内，时至今日仍能与大众群体达成共鸣。国家关于弘扬优秀传统文化的政策为中国古代物质文化提供了良好的传承基础。中央电视台综艺频道《国家宝藏》节目，通过重现演绎历史讲述中国故事，以当红明星现场剧目表演与考古文博专家讲述结合，自 2017 年播出第一季后反响良好，随后于优酷、乐视、腾讯视频等媒体平台同步播出。2021 年，中央广播电视总台和国家文物局联合制作的文博知识竞答节目《中国国宝大会》于中央电视台财经频道播出第一季，围绕全国 140 多家博物馆中的部分文物展开竞答，并邀请文博专家现场讲解。两档节目分别选取了陕西历史博物馆藏"葡萄花鸟纹银香囊"与中国国家博物馆藏"鎏金银香囊"作为主题。观众在历史情境重现与趣味竞猜中感受唐代金银香囊的形式之美与故事性。这种具体的物质文化例证在传播演绎中逐渐产生 IP 载体属性，顺承当代年轻群体认知并接纳事物的过程。当代传播媒介已为唐代金银香囊艺术形式为代表的古代物质文化传承提供了条件。当代文学创作及影视剧作中也有唐代金银香囊艺术形式出现。2019年网络热播电视剧《庆余年》中，以穿越历史背景呈现金银香囊的宫廷使用场景。文学及影视作品中的金银香囊物质形象便显示了文化的衍生传承。存在于历史中的唐代金银香囊是微小却真实的一点文化传承，其艺术形式的意涵饱满有力，隐含了中国传统文化的缩影。

从当下消费市场可以看出，年轻人为唐代金银香囊艺术形式复原装饰产品的主要购买群体，年轻群体的需求隐含未来社会的需求倾向。年轻群体热衷于将那些审美特征鲜明、物质形式符合基本使用方式的物品作为彰显群体风尚特征的"标签"。这些"标签"是经群体过滤后的文化选择。2000年前后，国内出现"汉服"流行热潮。香囊盛行，这是年轻群体对于传统文化与服饰时尚的新颖解读。他们主动探寻并迎接认知中的东方形象与风格。当以唐代金银香囊艺术形式为代表的古代物质文化被选择后，其历史的延续性持续地发展。这种延续和发展实质为年轻人对中国传统文化的热爱。国家政策支持及教育质量提高对此产生了积极的影响。党的二十大报告强调"推进文化自信自强，铸就社会主义文化新辉煌""繁荣发展文化事业和文化产业""增强中华文明传播力影响力"。传承中华优秀传统文化是中国式现代化文化强国建设的深厚文化基础。如唐代金银香囊的文化传承，其价值意涵交织于中国传统文化之中，其物质形式凝结于古代历史文明，其文学意境更具有源源不断的创造力。充分利用古代物质文化的历史延续性，结合时代人群需求进行创新创造，可以使古老的物质文化转化出新的文明价值。

三、唐代金银香囊艺术形式的文明内涵与创意潜力

（一）文化创意的价值需求

在国家政策对中国传统文化的大力支持下与社会需求下，伴随民族情怀对人群个体的审美感召，古代物质文化的创新力在创意实施中起到越来越重要的作用。文创产品是古代物质文化产业创新力的实施成果，其设计研发环节需要凝结正向且真实的文化历史、符合大众群体与当下时代的设计需求、恰当的外在形式、富有趣味的灵感表达。这就要求设计师不能仅仅使用某种古代物质文化的纹样元素或结构形态。具有中国传统文化特色意涵的文创产品，内涵应是饱满而立体并富有趣味的。以古代物质文化为原型的文创产品设计者要充分考虑并运用历史文化、时代特征、人群需求、创意表现，在文创产品的研发过程中承担传承与创新的双重责任。

(二)文创产品的设计反思

就国内文创市场来看,中国传统文化文创产品的设计仍有较大的提升空间。以唐代金银香囊艺术形式的文创产品为例,本文研究考察并搜集的唐代金银香囊样本中 5 例分别收藏于 4 所国内博物馆,此 4 所博物馆中均有唐代金银香囊主题的文创产品,产品类型见表 4。

表 4 国内博物馆中唐代金银香囊主题的文创产品

博物馆	文创类型
中国国家博物馆	常平架熏香挂饰礼盒
陕西历史博物馆	常平架首饰礼盒及熏香挂饰、车载熏香器
法门寺博物馆	等比例还原复刻品、邮票
成都博物馆	常平架首饰及香挂饰礼盒、纹样书签

我们可以看出,由唐代金银香囊艺术形式创新而来的文创产品以内含常平架结构的挂饰、首饰产品居多,其次为以纹样为主要设计元素的平面产品。该现象表明,以唐代金银香囊为主题的文创产品并没有对其本质价值的东方意涵进行充分诠释。从设计的角度来看,常平架结构在科学演进过程中随陀螺仪原理逐渐发展至水平仪等精密仪器结构。在与当今科学力存在差距的中国古代,常平架是力学稳定性良好的装置结构,能够满足古代焚燃熏香及近身取暖时内部平衡的使用需求。而宋代"汤婆子"的出现使得近身取暖方式由火暖过渡为水暖,同时期也有外层镂空球体而内部并无常平架结构的金银香囊出现。从出土文物及文献记载可以看出,常平架结构的金银香囊在唐代最为流行,唐代时期的科技发展、金银工艺及造物美学共同创造了这种艺术形式的实用与美。唐代后,以全域视角来看,唐代金银香囊的艺术形式在域内逐渐式微,在域外却流传较久并逐渐融汇丝绸之路沿线国家的艺术风格,形成了多种具有区域特色的金银香囊艺术形式。唐代后,唐代金银香囊的艺术形式随丝绸之路于域外持续流传。本文研究共搜集 43 例 10 至 19 世纪域外制作的金银香囊数据,其中 42 例名称含有 Burner、Warmer 等表述,体现出域外对该艺术形式中"取暖"功能的着重表达。古代熏香与取暖功能结合更为紧密,而当今生活方式早已改变,大量替代产品更能满足人们对唐代金银香囊艺术形式的实际功能需求。当使用者的需求发生改变,文创产品研发若一味追求原先结构,生硬复制并不符合

真实需求的形式，其原型的设计价值便被消减了。唐代金银香囊艺术形式中，即便内部常平架结构不能发挥与唐代时期相同程度的作用，其结构原型与文化内涵仍有可以进行设计与开拓的价值。

以中国古代物质文化为创作主体的文创产品应注重文化内核的传递，结合时代的真实需求，围绕内涵核心进行创作研发。高质量文创产品是文化产业链中的显性一环，文创产品的研发应将物质主体的内核与历史沉淀、社会需求紧密结合，形成具有文明深度的产品设计与服务输出。

结　　语

唐代金银香囊艺术形式由源远流长的熏香文化与唐代金银器物的巅峰时期交会而成，其结构形态、纹样构成及熏香情境的装饰效果共同构建出饱满而立体的艺术结构，形成了具有中国传统东方审美意涵的物质特征。在域内与域外的广泛流传过程中，唐代金银香囊的艺术形式显示出稳定的历史延续性，其物质属性下的文化内核发挥着作用。如今，在国家政策支持与当代媒介传播助力下，唐代金银香囊的艺术形式在文博展览、文学创作和影视剧作中得到还原与传承，其文明内涵与创意潜力具有新的时代价值。当这种价值应用于文化产业中，其创意属性便转化为产业创新力。然而，唐代金银香囊艺术形式的概念意涵与价值在实际产业转化中并没有呈现出等量的创新力，反映在文创产品上则缺乏文化核心的诠释。对于唐代金银香囊艺术形式的研究并不能涵盖中华文明历程中类别繁多的物质文化特征，但它可以代表具有较高装饰性、一定实用性、联想故事性的古代物质类别。中国古代物质文化资源丰富，通过设计学的嫁接转化，将古代物质艺术形式的文明内核应用于文化产业中，可以实现价值的历史穿越。文创产品的创意实施应注重物质属性与文化概念的恰当融合，充分考虑真实可行的功能需求，以创意主体的物质形式实现功能价值，以装饰性或文学性的艺术表现塑造情境，构建具有中国传统意蕴与东方审美风貌的产品形象。

参考文献

[1] 高春明.中国服饰名物考[M].上海：上海文化出版社，2001：686-687.

[2]〔汉〕郑玄.毛诗正义（卷十七），十三经注疏本[M].北京：中华书局，1980：540.

[3] 陕西省考古研究院，法门寺博物馆，宝鸡市文物局，扶风县博物馆.法门寺考古发掘报告（下）[M].北京：文物出版社，2007：202-203.

[4]〔唐〕慧琳.一切经音义（卷七），大般若波罗蜜多经第五百四十卷[M].上海：上海古籍出版社，1986：260.

[5]〔唐〕白居易.江南喜逢萧九彻因话长安旧游戏赠五十韵，全唐诗（卷四六二）[M].北京：中华书局，1960：5253.

[6]〔唐〕元稹.香球，全唐诗（卷四一〇）[M].北京：中华书局，1960：4552.

[7]〔宋〕洪刍，〔宋〕陈敬.陈氏香谱，四库全书[M].北京：中国书店出版社，2018：263.

[8] 李玲玲.唐代香料消费相关问题研究[D].西北大学，2015.

[9] 日本和歌物语集[M].张龙妹，邱春泉，廖荣发，译.北京：外语教学与研究出版社，2015.

[10] 美国芝加哥艺术博物馆数据，1925：2947.

[11] 奥地利维也纳实用艺术博物馆数据，KI 7624-8.

[12] 东京国立博物馆数据，C0077984.

产业动态·文化消费新论

创意产业在中国：深圳华侨城创意文化园作为文化生产场域

郭 谦[①]

(广东第二师范学院美术学院，广州 510303)

【内容提要】 本文旨在检视华侨城创意文化园的特色与日常社会实践，分析它的文化与社会影响力。近年来，创意产业成为各国和地区发展的重要趋势，中国也积极推动文化创意政策，一方面大力刺激经济增长，另一方面加强文化生产场域营造。然而，中国长期以来经济发展为重的思维，使得国家和城市治理者乃至文创园区的经营者过于偏重评价园区的经济效益，疏于对其公共性和文化社会价值的重视。该创意园在前期工业遗产保存与开发的基础上，将艺术与商业兼容并蓄，取得了一定成果。本文在该创意园改造完成16年之后，论述了其在中国创意产业界的定位与重要性。

【关键词】 创意产业；文创园区；华侨城创意文化园；文化生产；创意群聚

Creative Industries in China: Shenzhen OCT-LOFT as a Cultural Production Field

Abstract: This paper examines the characteristics of OCT-LOFT Creative Culture Park (OCT-LOFT) and its daily social practices to analyse its influence on culture and society. Creative industries have become an essential development trend in various countries and regions in recent years. China has also actively promoted cultural and creative policies to stimu-

---

[①] 郭谦，1982年10月生，男，广东第二师范学院美术学院教师，中国台北艺术大学博士，中国当代美术评论与策展青年联盟委员。研究方向：文化资产与艺术创新、视觉传达与数字媒体设计。

late economic growth and strengthen the creative cultural industries field.

China has prioritised economic development for decades, which has caused national and urban development and creative culture park operations to focus more on emphasising the commercial benefits, and neglects its public cultural and social values.

Significantly, OCT-LOFT integrates art and economic benefits to achieve specific results based on the preservation and development of industrial heritage in the early stage. Therefore, after sixteen years of the renovation of OCT-LOFT, the importance of OCT-LOFT in China's creative industry will be discussed in this paper.

Keywords: creative industry; cultural and creative park; OCT-LOFT; cultural production; creative cluster

一、问题的提出

2021年12月19日，第九届OCAT双年展"飞去来器"在OCAT深圳馆、华·美术馆、华侨城生态广场开幕，其中OCAT深圳馆与华侨城生态广场位于华侨城创意文化园内。该园是中国工业遗产保护再生的成功案例，是深圳创意族群工作、生活的聚集地之一。20世纪末以来，国内外以各种形式建设的文创园区，成为市民日常休闲娱乐、消费的好去处。众所周知，文化有助于提升城市形象。当欧美遭遇经济发展瓶颈之时，纷纷向文化借力。华侨城创意文化园作为中国华南地区极具代表性的文创园区，长期以来受到大众和官方部门共同的关注。因此，本论文试图通过对华侨城创意文化园整体的文化和社会影响力论述，希望能够梳理除经济价值之外不同的多元价值脉络。

1997年，英国的《英国创意产业路径文件》指出，"所谓创意产业是指那些从个人的创造力、技能和才能中获取发展动力的产业，并且它们能透过对相应知识产权的生成与开发创造潜在财富和就业机会"[1]。自英国提出创意产业之后，创意产业便迅速在全球掀起一股创意浪潮。知识产权包括专利、版权、设计与商标等，可以看到创意产业贡献于各行各业。21世纪以来，中国的文化创意产业开创了新的思考格局，但同时在实践过程中出现了各种问题。城市是创意与创新的场所。文化、艺术的发展应具有对经济价值的超越，换言之，文艺价值不能以所谓的产值来计量。如

---

[1] Department for Digital, Culture, Media & Sport, UK Government. Creative Industries Mapping Document 2001 [R]. 2001: 5.

今，公众对于设计和生活品质的差异化追求，显著趋向个性化与体验化。

深圳，作为中国改革开放的"试验田"，一直走在时代前沿。在文化政策方面，2003年，深圳开始实施"文化立市"战略，相继出台了一系列政策文件，给予创意产业园项目重点建设和直通车服务的优惠。在社会现实方面，深圳在21世纪初期闲置出一批建于20世纪80年代中期的工业厂房，华侨城东部工业区便是其中之一。这便是华侨城创意文化园的前置状况。该园建立之后，包含了创意产业的诸多涵意与类型。园区中的华侨城当代艺术中心（OCAT）展出的具有独立性、实验性、创造性的艺术作品，无形中也建构了在地社区文化的新生美学。

图 1　OCT-LOFT 南区（图片由深圳华侨城创意文化园提供）

从物质与非物质文化遗产的分类框架来看，无论传承与再造，都属于文化生产的范畴。"文化"一词的定位为何，并没有明确的定论。广义而言，文化是指特定社会中，人们共有或接受的信仰、生活方式、艺术与习俗；狭义而言，文化是指艺术、音乐与文学，简单地说就是"艺术"。而创意元素的萌芽，要依靠艺术的想象力与创造力。现今，国家间所面临的共同性议题是追求社会、经济、环境与文化的可持续发展。改革开放之初，上至治理者、管理层，下到民众（包括城市和农村）都为了追求更好的物质生活，大家通通偏向经济的快速发展。近来，越来越多的人开始关心对自然资源的过度开发导致环境的破坏和人类文化多样性的冲击议题。

2021年2月，华侨城创意文化园（图1）获得深圳首批特色文化街区称号，这是该园被评为"南山特色文化街区""深圳市市级文化产业园"之后，再次获得的殊荣。该园的设计策略在于将原有厂房区域保存改造，并非推倒重建的简单方法，可谓是中国工业文化遗产再生的优秀案例之一。本文的研究目的在于提供创意产业发展的国际性视野，建构中国发展创意产业的本土化思考。本文拟先说明中国创意产业的现状与回顾，再对创意产业的理论进行探讨，接着就华侨城创意文化园的实践与文化生产进行检视与分析。在此基础上，探究华侨城集团设置文创园区的初衷，以及华侨城创意文化园创立至今已超过16年，是否达到集团设置文创园区的目的。中国在文化创意产业领域中，属于后发展国家。在借鉴国外优秀文化创意产业发展的经验时，从中央到地方在不同发展阶段应使用不同的政策工具。华侨城创意文化园的核心价值为何？它对社会产生了什么样的影响？聚集至深圳华侨城创意文化园，如何呈现其作为一个可持续的文化生态系，是值得探讨的议题。无论在国内，还是国外，文化创意产业与城市闲置空间的再利用，都已成为当前各大城市的一种治理模式。扩展而言，在场域中，文化资本如何转化为各种行动策略，增加其象征资本以合法性建构。

二、创意产业理论的发展

关于文化产业（Cultural Industry），法兰克福学派的阿多诺和霍克海默于20世纪40年代在他们合著的《启蒙的辩证》（*Dialektik der Aufklarung*）中进行了论述。此后数十年，研究者在全球范围内遍地开花。联合国教科文组织（UNESCO）认为"文化产业"是"结合创造、生产与商品化的方式，具有无形资产与文化概念的特性，基本上受到著作权的保障，而以产品的或服务的形式呈现"的产业。[①]因为文化产业具有特别的吸引力与高附加值，所以自诞生之日起便迅速受到全球各个国家的追捧，成为发达国家在经济发展过程中遭遇停滞问题之后所采取的策略。

（一）欧洲脉络下的创意产业

英国是首个定义创意产业的国家，也是最早将创意产业作为文化政策的国家。1998年11月，英国文化媒体体育部发布《创意产业图录报告》（*Creative Industries Mapping Documents*，CIMD）定义了创意产业概念。近年来，杰弗里·科洛西克（Geoffrey Crossick）指出，多样化伙伴关系的生态系统使文创园区产生经济价值的同时，也在社会中具有关键的影响力。决策者通常习惯使用经济术语来描述文创园区

---

① 夏学理.文化创意产业概论［M］.台北：五南图书出版公司，2011：10.

的功能，但这样做仅能强调园区在经济层面的影响力。决策者应该思考的是如何呈现文创园区的社会影响力，这对于园区本身的价值呈现，以及其中的能动者如何看待并定位园区至关重要。① 科洛西克强调了创意园区的文化价值与社会影响力，不是从单一的经济角度来衡量，而是对文化园区的全面性有所把握。当前，创意群聚（Creative Cluster）作为公共政策的工具之一正在变得热门。由英国 NES（the National Endowment for Science, Technology and the Arts）发表，丽莎·德普罗斯（Lisa De Propris）、C. 查潘（C. Chapain）等专家共同撰写的报告书《创意地理学》，对英国的创意产业进行了全面调查，从空间层面进行分析并深入讨论议题。② 德普罗斯指出：（1）对于一个创意人聚集的社区，虽然这些人对新奇的事物都有高度的兴趣，并非都对同一主题有兴趣；（2）一个可以发挥触媒效果的地方，让人、关系、观念、才华可以相互激撞产生火花；（3）一个可以提供多样性、灵感刺激的环境，可以让人自由表达；（4）一个扎实的、开放的，以及不断变化的人际交换网络，让个人的独特性与身份认同可以孕育成长。创意文化园对于不同族群的集聚，彰显了它的团块化（agglomeration）与都市化（urbanization）效益。因此，除经济功能之外，文创园区的经营也有活化城市与周边社区等功能，以推动"城市复兴"，借由文化建立城市的新形象，也有助于重塑周边社区的组成与就业情况。③ 由此可以看出，创意文化园不仅对本区或本地域的物质文化遗产的保存与再生起到作用，而且对周围社区与城市复兴带来一定的连带性与重生作用。

（二）中国的文化生产场域

在中国，创意产业的定义是指源自个体创意、技巧及才能，将创意与文化的累积，通过知识产权的生成与利用，让其具有创造财富与就业机会的潜力，并促进整体生活环境提升。创意产业以提升全民美学和文化素养为目标，在发展中需兼顾经济与文化的平衡和价值，并非仅以产值来定成败。换言之，创意产业政策不应该单纯地偏向产业经济，还应兼顾提高国民文化素养的产业才可谓有意义。1997 年，英国提出"创意产业"；1999 年，韩国通过"文化产业振兴基本法"，2001 年成立"韩国内容振兴院"；2009 年，中国台湾地区核定"创意台湾——文化创意产业发展

---

① Crossick G. The Social Impact of Cultural Districts [M]. Report Commissioned by the Global Cultural Districts Network. London: GCDN, 2019: 8.
② De Propris L, Chapain C, Cooke P, MacNeill S, Mateos-Garcia J. The Geography of Creativity [M]. Not Known, 2009.
③ Montgomery J. Cultural Quarters as Mechanisms for Urban Regeneration. Part 1: Conceptualising Cultural Quarters [J]. Planning, Practice & Research. 2003, 18 (4): 295.

方案",2010 年在此基础上制定"文化创意产业发展法";同年,日本推出"酷日本(Cool Japan)"。创意产业政策在东亚各个地区此起彼伏,迎来蓬勃发展的高潮。2003 年,香港大学课程组指出:"创意产业是一系列经济活动的集合,这些经济活动以开发、利用创意、技术、技能和智力资产,进行生产并分配具有社会及文化意义的产品和服务,更可望成为一个创造财富和就业的生产系统。"香港大学作为亚洲地区文化创意产业的研究重镇,有着自己独特的见解与分析。

从中国的创意产业现状来看,正当全世界创意产业发达国家与地区分别以创意产业来激发创造力的时候,中国的文化创意产业也开始步入发展轨道。2000 年,《中共中央关于制定国民经济和社会发展第十个五年计划的建议》首次提到文化产业。近年来,伴随着新型工业化、信息化、城镇化和农业现代化进程的加快,文化创意和设计服务已贯穿在社会各个领域,呈现出多向交互融合态势。2004 年,首届上海国际创意产业论坛召开。文化创意产业是一个复杂并且庞大的产业体系,而中国推动文化创意产业也取得了一定的成绩。值得一提的是"创意产业群聚","群聚"起初是生物学家来解释自然界中同种、异种集群在特定环境的现象及其共生关系。产业界借用之后,解释产业上特殊的空间集群现象——"产业群聚(Industrial Clustering)",指在特定经济活动领域中既竞争又依赖的企业、供应商、服务商等所形成的集中关系。此外,《创意产业新论》一书从创意产业定义、创意城市、创意经济、创意社群、创意价值、创意政策 6 个方面分析了创意产业特点、创造、知识产权、服务、机制等议题,全方位的勾勒出当前的现状与发展路径。[①] 总之,创意在今天变得无比重要,从科学到艺术,再至文化,无一例外在强调创意在引领生产之重要性。

三、华侨城创意产业园的发展历程

改革开放以来,中国长期偏向于发展人力密集型的加工制造产业,经济的快速发展得益于人口红利。随着中美贸易战的发起,以及面对全球化背景下的产品均质倾向问题,中国的密集型加工制造业正在失去竞争优势。因此,在社会各个领域,从文化到产业都面临迫不得已的转向问题。华侨城创意文化园并非那类依托湖滨和滨海等自然资源的文旅项目,而是基于文化资源的总体艺术策略。不可否认的是,各个阶层都需警惕不断增长的商业化和官僚化的后果。华侨城创意文化园与其说是

---

① 厉无畏,王慧敏.创意产业新论[M].上海:东方出版中心,2009.

深圳独立音乐地标,倒不如说它是一个由创意所形成的产业闭环。自策划至执行,从空间到形式,都遵循一定的社会情怀及试图构建的文化价值。

图2　OCT-LOFT 北区（图片由深圳华侨城创意文化园提供）

该园区（图2）的发展历程并不是一帆风顺的,也逃脱不了时代的波折。21 世纪初,华侨城东部工业区工厂外迁；2004 年,华侨城创意产业园区开始改造,吸引各类创意产业机构入驻；2005 年,华侨城当代艺术中心开馆；2006 年,华侨城创意文化园正式挂牌；2007 年,成为深圳文博会分会场之一。从早期建设一系列的动作可以观察到,其对政策保持的敏感及自身社会使命的认知。"文化产品市场在祛魅（desanctifying）文化产品中扮演了一个历史的角色,伴随的结果是它们能在观念形成的世俗过程中发挥作用"[1]。果不其然,之所以在中国南方造就出华侨城创意文化园的精神,原因在于深圳社会的开放性与前沿意识。

华侨城集团有限公司是中国国务院国资委直接管理的大型中央企业,成立于1985 年,培育出康佳、欢乐谷连锁主题公园、锦绣中华・中国民俗文化村、世界之窗、东部华侨城、欢乐海岸、深圳华侨城大酒店、威尼斯睿途酒店、华侨城创意文化园等品牌。华侨城战略定位是成为"中国文化产业领跑者、中国新型城镇化引领者、中国全域旅游示范者",试图为中国社会的全面发展做出更大的贡献,承担更多的社会责任。这不仅体现在经济建设方面,而且将延伸至文化生产领域。与此相对,

---

[1] ［英］托尼・本尼特.文化、治理与社会：托尼・本尼特自选集［M］.王杰等,译.上海：东方出版中心,2016：420.

当代异质空间的再生产，习惯于从文化旅游与经济效益的角度出发。园区改造作为艺术介入公共空间的行动，大多数是以外部生态的改变来激发创作的能量与源泉。废弃空间由于"时间胶囊"而具有文化遗产的意义。"从早期巴黎的蒙马特黑猫酒店、纽约的苏荷（South of Houston Street，SOHO）楼间工作室、北京798的库房展场、中国台北原来的华山构想，均见证了艺术替代空间从边缘空间迈向主流市场空间的必然倾向。"①追究个中缘由，在于这些空间和场域具备独特的艺术实验所需要的物件和空间，同时兼具承担历史记忆的一部分功能。相应地，社会和文化发展急需这类早期边缘性地点的开放性和可能性。因此，令人惊奇的是，文化和经济都彰显出从边缘到主流的过程与魅力。艺文空间与创意商店聚集，为氛围的塑造提供了一定的基础。无论在国际还是国内，都遵循着这一发展路径。文化从共生到共益，实现可持续性的转化，同时为时代和社会发展提供各种赋能。

四、华侨城创意文化园的文化生产场域

法国的艺术社会学家皮埃尔·布迪厄（Pierre Bourdieu）的文化生产场域理论为当前城市更新策略提供了理论指导，主要关切当地居住者的社会实践、生活方式与文化偏好之间的关系。场域指通过描绘个体与团体在公共空间中的关系型位置绘出社会空间。更重要的是，其揭示了城市居民个体的资本总量变化与权力场域（国家、政府）之间的动态制衡关系。换句话说，文化生活中的权利关系映射出文化生产场域。布迪厄用经典理论公式"日常生活实践＝习性（资本）＋场域"②来表述民众运用自身所持有的资本在一定的场域中按照习惯活动形塑了他们的日常生活。因此，华侨城创意文化园并未采取大拆大建的策略，而是在保留原建筑基本不动或微动的大策略下，来维持原来的邻里关系。

从国际视角来看，许多创意产业园区都与旧区重建相关，例如纽约的苏荷、伦敦的泰晤士河南岸、柏林的哈克欣区、温哥华的兰桂岛、北海道的小樽运河等区域，都是19世纪制造业发展时所建厂房或库房等建筑。1973年，美国政府第一次把苏荷的工厂仓库列为文化遗产进行保护，这在世界上也属于首例。

---

① 高千惠. 当代艺术生产线——创作实践与社会介入的案例［M］. 台北：典藏艺术家庭，2019：161.
② Bourdieu P. Distinction：A Social Critique of The Judgement of Taste［M］.Cambridge，Mass.：Harvard University Press，1984.

深圳要打造一个设计之都和创造之都，离不开文化创意产业。"如果没有创意的人，没有创意的精神，拿什么创意？无非就是东抄西抄了。当代艺术是创意产业的发动机，这是相辅相成的，也是有创意产业的需要，地方艺术才会发展。"[1]在本文看来，当代艺术不仅是创意产业的核心，而且具有艺术与科学的共同之处——实验性。创意产业对于文化生产与再造都起到举足轻重的作用，包括文化、智识、技术、组织等方式，对环境氛围的营造是不可或缺的。

（一）华侨城创意文化园的特色

华侨城创意文化园是深圳市文化治理中"创意转向"的实践场所，通过文化政策的推动，使得后工业文化遗产转向新的文化生产与再生产，并带来新的社会关系组合。

1. 以美术馆为推动引擎，以当代艺术为艺文核心

OCAT 深圳馆居于华侨城创意文化园的核心位置，以展示当代艺术为定位，举办的展览品牌有 OCAT 双年展、研究性个展等。它不仅为深圳的文化建设增添了浓厚的一笔，而且是一张中国当代艺术的"晴雨表"，起到一种示范作用。[2]OCAT 深圳馆在 2022 年 11 月启动 B10 新馆——华侨城创意文化园北区的另一个闲置空间，同样承担着"艺术库房"的功能。OCAT 深圳馆虽位于园区内，但它与园区彼此却是独立的机构，两者同归华侨城集团管理。策展人杜曦云认为，当代艺术是当代文明的艺术表达，而当代文明以保护和拓展人的权利为中心展开的一个完整体系。它包括经济上的自由市场，文化上的个人主义，以及和他们相匹配的政治制度。与此同时，当代艺术也扮演着当今时代对历史的钩沉作用。

OCAT 深圳的公共艺术藏品也遍布于园区内各个角落和生态广场，吸引着公众的目光。无论是展演举办，还是工作坊、讲座、公共教育等项目开展，都能聚集人气。"从目前的人流量结构来看，创意园的消费者应该以都市白领、文艺青年、艺术藏家为主。"[3]而这样的群体也正是新时代有理想有追求的一代，对生活品质高雅度具有一定要求。

2. 独立书店的设立，呈现出独立性社会场域

独立书店是指由个人或团体自主经营非市场导向的书籍，并经常以非营利方式

---

[1] 朱青生.中国当代艺术与深圳[A].邓平祥.2021 中国美术批评家年度批评文集[C].长沙：湖南美术出版社，2021：146.
[2] 郭谦.中国当代艺术语境下的艺术机构：OCAT 馆群的理念与实践（2005—2020）[D].台北：台北艺术大学，2021：312.
[3] 受访者 F，书面访谈，访谈日期：2022 年 10 月 8 日—11 月 4 日。

参与社会公共议题的非连锁性书店。在中国，独立书店为数不多。独立书店有着异于寻常的生存压力和空间，常常为了践行其自身理念，会结合讲座、展演、放映、读书会等活动进行多元化经营。旧天堂书店位于深圳市南山区华侨城创意园北区 A5 栋 120 号，被誉为"深圳文艺青年发源地"，是当地较有代表性的一家独立书店，以独立音乐和人文图书为主营，经常举办文化交流活动和独立音乐演出。该书店规模不大，但选书和空间摆设却很有特色。空间并不是一个价值中立的存在或是人们活动的背景，它一方面满足人类遮蔽、安全与舒适的需求，另一方面展现人们在某时某地的社会文化价值与心理认同[①]。独立书店逐渐式微，是一个值得我们持续关注和深思的问题。独立书店的使命之一串联了读者与读者、读者与书籍，而不只是扮演一个中介者的角色。总之，文化场域的行动者通过独立书店实践进行文化生产。

3. 一系列艺文活动及文化品牌的塑造

华侨城创意文化园的艺文活动包括 T 街创意市集（图 3）、OCT-LOFT 国际爵士音乐节、明天音乐节、OCT-LOFT 创意节、OCT-LOFT "一人一世界"讲座、OCT-LOFT 公共艺术展、Bàng! 儿童艺术节（图 4）、深圳独立动画双年展、"举重若轻"艺术电影展映计划等。通过这些文化品牌的塑造，不但拉近了自身与公众的距离，还将艺术和商业紧密结合，重塑了公众的价值观，让他们更加关注日常生活价值。

图 3　T 街创意市集（图片由深圳华侨城创意文化园提供）

---

① 毕恒达. 空间就是权力 [M]. 台北：心灵工坊，2001.

图 4　2021 Bàng! 儿童艺术节主题展:"奇妙的旅行——献给孩子的艺术展"
（图片由华侨城创意文化园提供）

T 街创意市集是一个平台，用于创意设计和公共文化的孵化交流。加入的摊主需要是呈现产品品牌的拥有者或所展示产品的品牌代理权拥有者，展示原创、安全、具有创意感和较高品质的作品。该园每个月举办两场活动，一般在每个月的第 1 周和第 3 周的周末举行，并根据国家节日假期而适当调整举办日期。每月第 1 期，在华侨城创意文化园"北区"设定摊位，可容纳 50～60 家；10 月份到次年的 5 月份因天气较为凉爽，所以也会在"南区"增加摊位，总共可容纳 80～90 家；每月第 2 期通常仅在"北区"设置摊位。同时，园方为各摊主提供物料支持：(1) 摊位面积 3m×1.5m；(2) 2 张桌子 (1.2m×0.6m) +2 把椅子 (桌布自备)；(3) 一面网架 (2m×1m, 两个摊位共同使用)；(4) 照明灯管 1 条。这些细节还通过图示方式呈现给摊主们，可见主办方对于活动的负责和用心程度。

OCT-LOFT 公共艺术展作为华侨城创意文化园的品牌活动，每届都会选取园区公共空间中的某处展开，以园区为基点，讨论艺术的公共性和互动性。2020 年主题是"余物新秩序"，2019 年主题是"ON/OFF 停车格计划"，2018 年主题是"象外之景"，2017 年主题是"以植物为名——老厂区的过去和未来"，2013 年主题是"地图创作邀请展"，2012 年主题是"电梯轿厢艺术项目"，2011 年主题是"国际壁画节"。公共艺术展览为公众提供辩论的空间与机会，容纳不同声音的表达。它注重公众的参与，允许大家质疑和争论，有助于个体对自身生存环境的思考，同时具有地理群聚性。值得一提的是，公共艺术的实验性，在公共性和艺术性的基础之上，强调实验对于艺术边界的挑战，并激发公众参与，探讨人与人、人与环境、人与社会之间的关系。

图 5　OCT-LOFT 国际爵士音乐节（图片由深圳华侨城创意文化园提供）

OCT-LOFT"一人一世界"讲座至今已举办 20 多季，每季包含约 10 场左右讲座，讲者来自不同领域。"OCT-LOFT 国际爵士音乐节"（图 5）开始于 2011 年，倡导独立性与包容性，目前在国内扮演着领头羊角色。每年 10 月，中外音乐人齐聚创意园内，以各自文化背景为基础，进行表演和互动，类型不乏带有先锋性和实验性，强调新鲜和当代的音乐观念，刺激和启发本土的音乐发展途径。与此同时，以工作坊、讲座、放映、展览等不同形式地与公众互动，为冬季来临之际的音乐嘉年华活动增添了氛围。明天音乐节（图 6）始于 2014 年，节目包括演出、讲座、纪录片等，选材注重前瞻性与创造力。音乐节的成败取决于决策者如何调动资源和运用权力，让园区和承办方团结一致，激发出创作者的创新能力。

毫无疑问，自 21 世纪初始，即进入网络社会的时代。如今的华侨城创意文化园是网红打卡胜地。但如何造就"四倍数——资源使用减半，人民福祉加倍"[①]的成绩，是本文较为关注的焦点。

---

① ［英］查尔斯·兰德利.创意城市：如何打造都市创意生活圈［M］.杨幼兰，译.北京：清华大学出版社，2009：347.

图6　明天音乐节返场72小时（图片由深圳华侨城创意文化园提供）

2020年，OCT-LOFT创意节"想象的共同体"持续时间3个月，在探索、对话、联动和体验中，勾勒差异，表达共识，寻求稳定的力量。创意节活动包括展览、论坛、互动工作坊、创意开放日等，以激发公众的参与和思考。华侨城创意文化园非常注重建构品牌的永续性，关怀创新创意的萌芽和成长，恰好呼应了深圳这一年轻城市的本色。正如查尔斯·兰德利（C landry）所言，"对寻求未来动能的城市而言，实验方案正是原动力"[1]。品牌倡议以创意产业的视野，反思"创意"这一词语当前的角色与课题，目的在于吸引各方参与，深化议题，开拓对话。作为社会文化机构的创意园区，原本就伴随着公共性的思维，机构的发展围绕公共角色与方法的分析与实践是重要轴线之一。总之，独立动画双年展、壁画节、爵士音乐节、OCT-LOFT创意节、举重若轻艺术电影展映、民谣周、舞蹈剧场、T街创意市集等公共艺术活动，此起彼伏，造就了创意文化园的特别之处。

4. 文献出版，注重文献资料的累积

园区刊物《@LOFT》品牌杂志创刊于2011年，逐渐成为一份在业内具有影响力的刊物。它主要介绍园区内入驻的创意品牌和有趣的活动，关注日常与现实，并进行推广。此外，文献资料的累积旨在迈向学习型社群（learning community）的建

---

[1] ［英］查尔斯·兰德利.创意城市：如何打造都市创意生活圈［M］.杨幼兰，译.北京：清华大学出版社，2009：297.

构，这种影响比创意社区更有力，因为是软实力。另外，文献出版依托OCAT深圳馆来执行，"OCAT深圳馆作为一个艺术机构来带动或辐射整个华侨城创意文化园区的当代艺术领域，而园区承载了相关领域的创意人士，形成独有的艺术氛围，创意产业生态"①。两者既互相依存又各自独立。的确，华侨城创意文化园试图营造一种"X=INFINITY 创意不设限"的精神特质，由于园区的人流量巨大，所以店家的绩效显著可见，不仅使园区理念得以实现，而且为消费者经由消费行为提升生活品质搭建了平台。

总之，园区呈现出"当代艺术、创意设计、先锋音乐"三大文化特色。园方与多样的"园驻民"②协同发展。园区集设计与创意机构、美食于一身，使消费驱动力因文化产业业态的加持，更加增强。

（二）华侨城创意文化园的经营理念、运营策略及影响

主流群体对地方认同感的塑造，使地方特色或创新能力都展现出不一般的样貌。创意文化园以创意与想象力为基础，与艺术相联结。艺术是除科学之外为数不多能名正言顺发挥想象力的地方。因此，无论是谁，具备艺术性思维变得更重要。那么，艺术到底属于独立和批判性活动，还是属于商业、娱乐、附属性社会事务呢？这个问题同样也是华侨城创意文化园运营者思考的问题。"关于园区的经营理念，华侨城创意文化园从一开始就没有单纯地将自己定位为一个产业场所出租者，更多的是希望起到'产业推动者''平台搭建者'的作用。"③受访者道出了该园的经营理念与定位，从传统的以企业为中心转向以人为本。换言之，园方采取的模式是以合作为导向，而非以商业为主轴，可谓是艺术与文化遗产的"合谋"。

在公共事务方面，管理者需要厘清哪些与商界相关，哪些可以转化为公益活动，可促使公共对话关系生成，满足公众的心灵需求。"创意氛围（creative milieu）是一种空间的概念，可能指的是建筑群、城市的某处，甚至整座城市或区域。它涵盖了必要的先决条件，足以激发源源不断的创意点子与发明的一切'软''硬'件设施。"④创意一方面依赖于艺术创作；另一方面依靠设计创新。问题是设计创新如

---

① 受访者F，书面访谈，访谈日期：2022年10月8日—11月4日。
② 指首批或早期入驻华侨城创意园区的艺文空间、文化品牌和设计机构。例如，美成画廊、艺湾空间、桥舍画廊、维格列艺术画廊、望春山、青朴落、PHASE COFFEE、Dr.Wong 黄药师、SPACE SHI 师尧原创等。
③ 受访者F，书面访谈，访谈日期：2022年10月8日—11月4日。
④ ［英］查尔斯·兰德利.创意城市：如何打造都市创意生活圈［M］.杨幼兰，译.北京：清华大学出版社，2009：200.

何引导价值创造？后者才是重中之重。设计不像艺术创作那样孤立，它与人的生活方式及社会环境紧密关联，因此，评价体系相较于艺术也复杂很多。德国设计学院"包豪斯"恰似一块圣地，在那个时代呼之欲出，既遥远又熟悉，影响至今。自20世纪后期伊始，中国在追求改善民生与现代化的进程中，设计充斥着各行各业，并不仅限于创意产业。

创意文化园区是活生生的有机体，涵盖公共领域。理查德·佛罗里达（Richard Florida）在《创意新贵》一书中指出，城市必须运用创意塑造都市特色、健全产业基础，以吸引创意阶层人士聚集。推动文化创意产业的关键并不在于拟定产业政策，而是建立一个吸引创意人才的聚集地。[①]从日常生活出发，通过对日常生活的陌生化挖掘，使创意人才聚集区域的氛围更有助于激发创意。

综上所述，华侨城创意文化园带来的影响，首先，表现在周围环境上，打造"主题商业+文化娱乐+生态旅游+商务度假"四种多元复合业态的都市文旅商娱综合体——欢乐海岸，并与何香凝美术馆、华·美术馆共同形成文化多点联合态势。其次，园区内充满了设计符号的空间。从艺文空间到餐饮店堂，从自设计工作室至街头路标，无处不蕴含着从业者的异想和灵动，与外面热闹市区的"嘈杂"相比，园区显得无比"宁静"。同时又具有一定的开放性，为设计、摄影、动漫创作、教育培训、概念餐厅、酒廊、咖啡等提供了创意和想象的基地。最后，为深圳创意产业发展搭建了一个聚集的平台。华侨城创意文化园既完成了上级部门对文创产业发展、展示与整合的期待，又形塑了社区营造的价值论述。园区由具有"文创旗舰基地"的角色设定，升级为跨界资源整合平台、艺文内容孵化创作基地。值得一提的是，由创意园所联结的各方网络关系，在合作、协同与磨合中，同样有各种各样的困难，通过及时的反馈和沟通可以解决这些困难。

因此，华侨城创意文化园的核心价值在于努力成为"创意策源地"与"文化目的地"。[②]文化资源是创意文化园区的养料，还要注意参与者是否媚俗与魅权，即不仅关心自己的身体与财产，还要注重他人的心灵需求。

（三）华侨城创意文化园仍有发展空间

从华侨城创意文化园所举办的展览与活动来看，它对公共精神的关怀与对公民意识的塑造略显不足。它仅从物质层面强化活动与物理建设，对于空间的开放性和

---

① 杨敏芝.创意空间——文化创意产业园区的理论与实践[M].台北:五南图书出版股份有限公司,2009.
② 受访者F,书面访谈,访谈日期:2022年10月8日—11月4日。

公共教育仍有加强的空间。尽管园方做了不少创意与艺术方面的工作，但对公共场域的形塑依然不到位，仍有许多发挥的空间。例如，公益性的日常艺术行动，可通过日课践行当代艺术的理念，普惠民众。又如公共美学的建构，建设有中国特色社会主义的公共美学已迫在眉睫。2022年10月，党的二十大报告提出"以中国式现代化全面推进中华民族伟大复兴"，"铸就社会主义文化新辉煌"的发展目标，尊重且重视不同的声音和观点，从人民出发，建构可持续发展型社会。

华侨城创意文化园没有照搬"旧厂房+艺术家"的模式，而是以艺术展览和艺术品经营为主，以餐饮、旅游和时尚设计为辅的历史文化园区，为深圳城市向后工业社会转型带来可能。进而言之，城市转型不仅为创意产业萌芽提供了适宜的空间与生存环境，而且还为创意产业的崛起提供了机遇。在文化生产领域，想象力大于品味，要不断将新旧事物进行重构以获得新启发。就国际艺术区的兴衰而言，例如因毕尔巴鄂古根海姆美术馆带动了整个城市的发展和国际影响力。再如伦敦南岸因失去皇家庆典音乐厅、英国电影学院、国家大剧院和泰特现代美术馆，而失去日常的活力，变得不再那么有趣和特别。创意文化园恰如回声一样，借由反反复复从自身与他人的经验中学习，得以建立"反省城市"（reflexive city）。

作为创意产业的旗舰基地，园区应该做的是持续公共化。遗憾的是往往园区活动主办方顾此失彼，还有或多或少的排他性，这一点需要改变。所谓排他性，指的是园区办活动时，通过微信公众号发送一个推送，做品牌宣传。但微信的使用者聚焦于上班族和文艺青年，在加强推广时一并将小孩和老人排斥在外，以及不使用此媒体的其他人群。那么，公共化的意义即在于此，发布信息渠道的多少，和公众获取信息手段的丰富程度成正比，显得无比重要。总之，地方的文化特色价值越来越重要，更是未来竞争中不可忽视的软实力。

五、结　　论

本论文以文化生产场域为切入点，厘清了华侨城创意文化园的历史发展脉络，整合"创意产业""文化生产"与"创意群聚"三个主要方面的问题。然后，针对研究个案——华侨城创意文化园进行文献分析与描述，再诠释并展现其核心文化价值与社会影响力。再次，通过文献分析、参与观察、访谈等方法分析园区不同能动者的网络价值、论述形成过程及华侨城创意文化园的价值实践策略。

华侨城创意产业园是中国社会城市更新的范本，在中国取得了举世瞩目的成就。

然而，中国的文化创意产业界亟须一场观念层面的"认知作战"，跳出经济发展的狭义思维，从"人类命运共同体"的视角来重新认知自身的运营机制和管理策略，做到从中国单一性到世界多元性的转向。

华侨城集团以"文化+旅游+新型城镇化"的模式，拉近了园区与公众之间的距离。园区建筑群不仅对社会形成地标意义，而且在社区中发挥了重要的文化作用。园区在地理空间上持续自我深耕，在中国社会显得特别与众不同，特别之处在于鼓励群聚和发展品牌，不仅为在地城市的发展带来活力，而且为国家的创意产业发展提供了成熟的案例，也为其他创意文化园区的形塑起到了引领作用。然而，园区需要做的还有很多，例如，当公众走入园区，如何使其实现从"逛园区"到"阅读园区"的转变。

在国际上，就资本量和品牌知名度而言，华侨城集团排名在迪士尼集团、默林集团、环球影城集团主题公园之后，在亚洲领先。华侨城创意文化园一直强化自身的品牌与特点，不把目光只放在经济效益上，而是将艺术、设计、创意、产业融于一体。尽管有许多不足之处，但仍不失为中国创意产业的佼佼者。2019年年底新冠疫情暴发，从时间或空间的向度上都具有分水岭的意义。尤其对非实体经济来说，创意产业背景下文创园区已呈现出一种跨专业融合、多元共存共生、总体包容开放的整体化发展态势。国际范围的创意产业一直处于探索实践的过程之中，"创意范式"持续发展与提升。文化创意是一种文化再生产。目前，世界各国大力发展创意产业，进行了一系列的探索与实践，试图不断创新"创意范式"。创意产业需要人类创造力的支撑，而创造力又源于个体与群体的想象力。除此之外，还囊括个体或团体的知识产权。创造力既指思维过程，又指结果或产品，甚至是创作者的才华禀赋。如此看来，华侨城创意文化园任重道远。

参考文献

［1］毕恒达.空间就是权力［M］.台北：心灵工坊，2001.

［2］［英］查尔斯·兰德利.创意城市：如何打造都市创意生活圈［M］.杨幼兰，译.北京：清华大学出版社，2009.

［3］高千惠.当代艺术生产线——创作实践与社会介入的案例［M］.台北：典藏艺术家庭，2019：161.

［4］郭谦.中国当代艺术语境下的艺术机构：OCAT馆群的理念与实践（2005—2020）［D］.台北：台北艺术大学，2021：312.

［5］厉无畏，王慧敏.创意产业新论［M］.上海：东方出版中心，2009.

[6] 受访者 F，书面访谈，访谈日期：2022 年 10 月 8 日—11 月 4 日。

[7][英]托尼·本尼特.文化、治理与社会：托尼·本尼特自选集[M].王杰等，译.上海：东方出版中心，2016：420.

[8] 夏学理.文化创意产业概论[M].台北：五南图书出版公司，2011：10.

[9] 杨敏芝.创意空间——文化创意产业园区的理论与实践[M].台北：五南图书出版股份有限公司，2009.

[10] 朱青生.中国当代艺术与深圳[A].邓平祥.2021 中国美术批评家年度批评文集[C].长沙：湖南美术出版社，2021：141-147.

[11] Bourdieu P. Distinction: A Social Critique of the Judgement of Taste [M]. Cambridge, Mass.: Harvard University Press, 1984.

[12] Crossick G. The Social Impact of Cultural Districts [M]. Report Commissioned by the Global Cultural Districts Network. London: GCDN, 2019: 8.

[13] Department for Digital, Culture, Media & Sport, UK Government. Creative Industries Mapping Document 2001 [M]. 2001: 5.

[14] De Propris L, Chapain C, Cooke P, MacNeill S, Mateos-Garcia J. The Geography of Creativity [M]. Not Known, 2009.

[15] Montgomery J. Cultural Quarters as Mechanisms for Urban Regeneration. Part 1: Conceptualising Cultural Quarters [J]. Planning, Practice & Research. 2003, 18 (4): 293-306.

文化基因跨媒介增生视角下的"二创视频"合法性研究

郑雨琦[①]

(北京大学艺术学院,北京 100871)

【内容摘要】 本文辨析了互联网与电视、电影在跨媒介融合过程中的文化基因增生问题,讨论了"二创视频"在当下的发展情况和受到的合理性争议,并举例了三类创意导向性"二创视频"的特质。之后,基于跨媒介文化基因融合模型,本文指出了"二创视频"构成基因增生闭环的有效条件,并对3类"二创视频"进行5种叙事基因占比的探讨,并在此基础上对原有的模型进行了补充阐释,指出了新时代语境下文化基因新序列形成的可能。

【关键词】 "二创视频";跨媒介增生;文化基因

Research on the Rationality of "Re-creating Video" from the Perspective of Cross-media Proliferation of Cultural Meme

Abstract: This paper analyzes the proliferation of cultural meme in the process of cross-media integration of the Internet, television and film, discusses the current development of "Re-creating Video" and the controversy about its rationality, and examines the characteristics of three types of creative-oriented "Re-creating Video". Then, based on the cross-media cultural meme fusion model, this paper points out the effective conditions

---

① 郑雨琦,北京大学艺术学院博士研究生。研究方向:文化艺术的创造性转化与国际化传播。

for "Re-creating Video" to form a closed loop of meme proliferation, and discusses the proportion of five narrative memes in three types of "Re-creating Video". Finally, on this basis, the original model is supplemented and explained, and the possibility of the formation of new cultural meme sequences in the new era context is proposed.

Key words: Re-creating Video; Cultural meme; Cross-media Proliferation

互联网时代，我们的文化产品进入大众创作阶段。除了常规的官方出品视听作品，许多自媒体用户也开始纷纷加入这场文化浪潮中。例如，抖音、快手、哔哩哔哩等中短视频平台，就是区别于传统流媒体视频平台的用户主导型创作平台，成为诞生许多经典 UGC 的源泉。其中，部分视频博主以原创性的生活记录与视频制作，吸引了大量的粉丝观众；还有一类博主则基于既有的影视艺术作品，通过剪辑、配音等后期技术，将原本的视频素材进行重新整合，构造出生动有趣的新故事。这一行为吸引了较多受众的注意力，也引发了对这类"创作"中创意来源合法性的争论。

一、"二创视频"的定义与分类

（一）"二创视频"概念及其争议

"二创"，即"二次创作/再创作"（re-creation）的简称。"二创视频"一般指在已经公开的影像作品基础上进行个体化再生产的新作品，也是互联网与影视媒介融合的产物。它们往往采用非本人原创镜头的既有素材，经过片段的筛选、提取，重新组织创作而成的一类特殊视频。

作为一种相对时新且没有形成一个具有核心或代表产品的文化艺术体系，"二创视频"往往与常规的短视频融为一体，成为视频制作者用于自娱自乐，或大众共同消遣观摩的对象。因此，当前关于二创类视频的相关学术研究并不多，且相关研究出现于 2020 年及以后。目前，国内关于"二创视频"的讨论大多围绕法律边界性问题展开，如著作权争议[1]等，而很少考量具体的作品、叙事等内容。

一般意义上，我们对"二创视频"的争议，主要是基于它们对原作的分流现象，

---

[1] 蔡海波，郑智斌."长短"版权合作背景下"二创"短视频著作权保护研究[J].电视研究，2023（05）：83-86.

这迫使传统网络视频平台感知到强大压力。如抖音平台上关于热播剧《三十而已》的热门片段播放量高达 35 亿次，旗下相关话题内容的播放量更是超过 230 亿次，但在独播平台腾讯视频下，这部剧的总播放量也仅为 70 亿次①，短视频渐渐超过了原剧的热度，而成为更大的社会热门现象。早期，人们往往将这种短视频观看视为对原作品的营销与引流，但随着网络文化的深入、日常时间的碎片化、用户注意力的下降，这种"速看全剧"的方式反而侵占了大众对于长视频原作的关注，从而使两类产品形成竞争。此外，许多颇具争议的二创作品往往缺少原创性，甚至只需要搬取原作品中的部分精彩片段，配以新的背景音乐或点评字幕，便能引来大量观众。这一现象愈演愈烈，逐渐引起了长视频平台方的重视，因此二创短视频也被部分公司联合抵制。2021 年 4 月，15 家影视协会、5 家长视频平台及 53 家制作公司共同发起联合声明，以版权为名，将矛头直接指向了短视频，不再容忍未经授权的所有"二创"②行为。

然而，从另一个层面来看，"二创视频"也带来了一些积极影响。对于平台来说，这是一个难能可贵的宣传渠道。在网络视听已经进入竞争红海的当下，一部剧想被观众认知需要付出较高的营销代价。而重新剪辑的视频，一方面，可以通过短暂的、充满戏剧张力的精彩片段，集中体现原片的精华，甚至起到一种类似"预告片"的宣传效果，吸引有兴趣的观众前往平台观看原作；另一方面，对于受众来说，"二创视频"是文化趣味性的重要来源。尤其是在今天，许多"二创视频"在内容上与原始的影视相去甚远，并不构成对原剧情的"剧透"。对于创作者来说，在管理上如果采用一刀切的模式，虽是一种短期有效的保护，但从长期来看，也是对创意的损害，对于剧作的宣传起到打压作用。2022 年 9 月，抖音公布了"二创"激励计划，在与爱奇艺合作的平台中，以相应可选题材的内容为限鼓励"二创"，并以播放量这一社会影响力指标为参考进行创作奖励。

因此，我们应该分类、合理且客观地看待当前日渐兴盛的"二创"现象。

（二）"二创视频"类别划分

与常规跨媒介融合不同，当下许多"二创视频"大都出现在自媒体平台，且许多并非直接盈利，选择的内容也大多来自大众耳熟能详的经典影视作品。最早在互

---

① 孙冰. "二创"野蛮生长 短视频背后的版权战与商业局［J］. 中国经济周刊, 2021,｛4｝(09)：71-73.
② 何思路. 长视频维权之战打响，短视频能否走向版权规范？［N］. 影艺独舌, https：//new.qq.com/rain/a/20210413A0E5D000, 2021-04-13.

联网平台上引起社会瞩目的"二创事件"发生在 2005 年,一位名叫胡戈的网友针对陈凯歌导演的电影《无极》制作了名为《一个馒头引发的血案》的视频,却意外触发了大众的共鸣并火爆全网[①]。影响力之深远,使其成为中国互联网时代早期的一个经典传播案例。

该特殊的网络轰动性传播事件,预示着在互联网时代下,越来越多信息能够随着新媒介的发展而产生迥异于往常的累积性传播效应。而自媒体平台的发展,让这种积聚效应越发明显。当前,大量的"二创视频"集中在例如哔哩哔哩网站等年轻网络社群当中,其引发轰动效应的情况也愈加常见。例如,早期曾火遍哔哩哔哩平台的"林黛玉与伏地魔爱情故事",正是由一位创作者抱着娱乐的心态随手制成。将东方与西方、古代与现代、写实与魔幻两种差异巨大的著名影视作品中的经典人物进行重新编排,产生了极富视觉新奇感和情节冲击力的观看体验。这一尝试随即吸引了大量观众的关注,引发了一场跟风创作的热潮。一时间,"闺阁小姐"和"大恶魔"之间缠绵纠葛的浪漫故事迭起,成为互联网大众津津乐道的对象。

事实上,这些"二创视频"的创作目的、质量和受众反馈都各不相同,难以简而概之。本文并不旨在从这种微观具体的层面思考特定"二创视频"是否侵害原作权益,而尝试从根源理解其产生过程中作为个体创意性产物的成分。按照视频创作的特点以及对原片挪用的占比情况,我们把"二创视频"主要可分为情节变更型、碎片组合型、借取重构型和原片转叙型 4 大类(见表 1)。

表 1 四种"二创视频"类型及例证说明

类型	原片占比	说明	举例
情节变更型	高	"二创视频"一般接近原作,但是尝试建立不同的故事情境,例如更改结局、更换人物关系等。	电视剧《伪装者》播出后,不少观众对于剧中男女主人公的关系走向感到不满,一些粉丝自发对视频进行重新剪辑,创作了男主和另一位女配角的浪漫故事,尽管在人物上延续了原片的大体设定,但巧妙变更了故事线,产生了一种别样的想象空间。

---

① 恶搞无极:一个馒头引发的血案 [N]. 搜狐新闻,http://news.sohu.com/s2006/06mantou/,2006-02-12.

续表

类型	原片占比	说明	举例
碎片组合型	中	沿用既有的人物形象和大致背景，尝试以不同的交织对话、碎片化的模式来营造全新的故事世界，让人产生新奇感。	除初始的林黛玉与伏地魔故事之外，还延伸出许多其他类似的创作，例如四大名著联动，林黛玉和孙悟空、薛宝钗和诸葛亮等的故事。
借取重构型	低	仅采用镜头作为素材来源，完全变更以致几乎脱离原本故事情节，其中部分借助于既有剧本（如网络小说的粉丝选角演绎），部分为创作者自主搭建故事背景。	《权力的游戏》（中国版）、网络小说《有匪》《魔道祖师》等的选角版视频剪辑等。又如配音博主"淮秀帮"制作《甄嬛传》狼人杀版，借用原故事的剧情、人设，营造全员玩游戏的全新剧情，在受到版权争议以后，又将这种"二创"带入其他经典影视剧目，如《西游记》《红楼梦》等。
原片转叙型	非常高/接近	粗泛且单纯地将影视剧中一个或多个精彩片段进行原样摘取，或者加以配乐；部分则通过对于故事情节进行梗概转述，通过告诉读者"讲述了一个什么故事"的方式制作视频。	这一类型极其欠缺创意部分，其建立在对原片故事的利用基础上，而缺少了二次创作者自身的话语力量融入，无论是搬运，还是褒奖、批判。这些内容都仅仅能称为一种视频的转叙，而不被放置在本文的讨论框架之内。例如，许多电影吐槽类博主，就通过对原片的旁白介绍，将故事进行简化介绍。

前三类"二创视频"，原片的故事、人物和情节所占的比重逐级下降，而原创性情节则渐次增多，但是它们也依然都共同依赖部分原片内容而存在。从外在的概念上而言，它们都从属于3类跨媒介叙事中的"增生"范畴。而对于影视素材的二次利用，如上述举例中提到的情节摘要式剪辑等，即为"原片转叙型"，因创意性过少、原片占比过高而暂时不被纳入本文所讨论的狭义"二创视频"范围之中。归纳来看，长短视频之争中，"二创"被推至风口浪尖，成为人们质疑的对象，背后其实是明晰创作权归属的需要，即如何让人能够从作品中区分智力成果。

二、文化基因及其跨媒介增生

（一）跨媒介叙事下的文化基因

自理查德·道金斯1976年首次提出Mene[①]这一概念以来，"文化基因"在文化

---

① ［英］道金斯卢.自私的基因［M］.允中，张岱云，陈复加，译.北京：中信出版社，2018.

学领域逐渐被广泛地引述。国内外不少学者都开始采用类似的说法，试图通过解构各种文化门类背后类似生物基因的最小元素以寻求内在规律性。尽管当下相应的研究繁多庞杂且没有统一的标准，但研究者普遍认为不同的文化基因都存在相对统一的内核，从而构建当下文化产品的诸多标准范式。

近一百多年以来，随着科学技术的不断发展，尤其是印刷技术、摄影摄像技术和互联网信息技术变革性跃进，文化艺术基因数量呈现出爆炸式增长——它体现在创作主体、受众对象及传播渠道、交流路径等多层面的快速扩大，使既有的传统文化基因库极大地丰富，甚至在某些领域开始进入饱和阶段。因此，单一的媒介承载物在当下已难以满足文化基因进一步拓展的需要。随着文化生活不断丰富、市场需求日益增长，文化艺术突破陈规范式而朝向多元维度进军，在不同媒介之间形成紧密联动，碰撞出灵感火花。其中，传统的电视和电影受第三次科技革命时代互联网新媒介的影响后产生了难以预料的巨大变化。作为等位基因，它们与互联网基因分别产生了紧密的交互，并孕育出新的文化基因。

在这个背景下，周清平教授在《互联网+"时代的现代影像艺术》[①]一书中提出了在互联网与电视、电影融合过程中的3种跨媒介叙事类型：一是再媒介转译，这是最早期的跨媒介方式，一些传统的路径例如文学改编电影、文学和网络形成网络文学等都属于该范畴。二是多媒介融合，即围绕某个题材，整合媒介完成一个或多个具有统一故事内核的叙事作品。例如IP的使用，就是将一个既有形象通过多种途径进行融合打造，实现产权价值的最大化。三是跨媒介增生。周清平定义它为颠覆文本的传统公式，增生出新的艺术元素，使不同媒介的叙事组合成一个整体。其实质是"影像叙事艺术跨越媒介界限，开拓了基因衍生的空间，导致新的文化基因得到不断复制和变异，从而产生新的文化基因"[②]。

事实上，在区别"跨媒介增生"与"多媒介融合"时，周清平着重强调的仍是媒介艺术运用手段，而非在具体的内容与故事层面进行阐释。他从理论上，将这种"跨媒介增生"区分为两种不同的表现形式：一是叙事增生，即多个故事中的一个世界、同一个世界产生新的故事；二是本体增生，即多个世界的一个故事或是一个故事的多种结局。对于第一类和第二类跨媒介叙事方式，向勇教授也曾提出过"纵向

---

① 周清平."互联网+"时代的现代影像艺术[M].北京：新华出版社，2017.
② 同上.

场域共振"和"横向场域共振"①这两种模式理念，在内涵上与之有着紧密的相关性。然而对于这种艺术形式的"颠覆"，在今天可以有更多、更充分的理解方式。因此，不管是"叙事增生"还是"本体增生"，都是对故事世界的拓展，是粉丝对既有故事的热忱所驱动的，代表了他们对深入挖掘并探知一个既有故事外延边界的渴望。

网络文化基因特点包括但不限于时空超越性、平面化、后现代性、零散化、非中心主义等。这些特质尤其成熟于年轻一代用户群体，与传统的电影、电视基因相结合，诞生了诸多新的范式，与在传统的大小屏幕上播出的制作内容相比形成了反差式乐趣。在这一背景下，周清平罗列了几种网络文化基因与电影电视基因的交互渗透形态（见图1）：

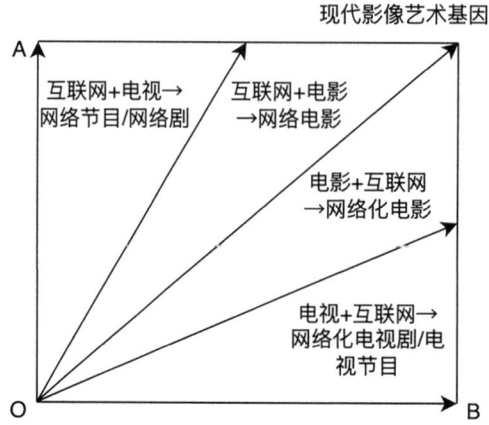

图1 互联网与电影/电视融合衍生的多种文化产品形态②

如图1所示，根据互联网和电视、电影的不同力矩大小，可以分为以互联网为载体的网络节目、网络剧与网络电影等，和以传统的电影电视为载体，融入互联网化元素与语言的网络化电影、网络化电视剧与网络化电视节目等不同形态。它们共同构成了现代影像艺术的基因。

---

① 向勇，白晓晴.场域共振：网络文学IP价值的跨界开发策略［J］.现代传播（中国传媒大学学报），2016，38（08）：110-114.
② 改引自周清平."互联网+"模式中现代影像艺术文化基因的融合与裂变［J］.电影艺术，2016，{4}（01）：60-66.

(二)"二创视频"的跨媒介增生可能

周清平教授的跨媒介叙事融合理论是一个偏向宏观性的互联网+电影/电视的探讨,阐述了在这一媒介跨越下诸多可能的形式,并得出结论认为跨媒介的文化基因综合了裂变与融合的复杂过程。然而从相对中观的层面,这种融合本身存在被质疑的成分:它是否真正属于基因的跨媒介增生,抑或简单的戏剧性碰撞产物?作者在他的理论中,并没有过多涉及这一方面的讨论,而是将新文化内容的出现等同于新文化基因的诞生,并将作品称为按照复杂编码融合生成的文化基因机器。

当今的"二创视频",一方面,仍然是融合了"互联网+"影视的一种特殊跨媒介增生;另一方面,这种增生超出了传统意义上我们所理解的互联网与电影、电视融合的基本模式,独立为一种新的结构。因此,尽管近乎完全地考虑到了跨媒介的不同侧重模式,但在周清平理论下的基因融合本质还是单调的。它们固然能够产生新的基因母体,为后续作品的产生打下良好基础,但也随之陷入固化:这层叙事逻辑始终遵循既有的电影/电视叙事范式,所谓互联网带来的影响不过是一个外化的演变。而"二创视频"这种彻底打碎、重组原影像艺术的类别,尽管看似符合他"故事世界新创造"的定义,却无法简单归属于该模型中任何一种。换言之,"二创"就是一种新的媒介增生形态,与此前的网络化的影视剧,或者网络电影电视都有着本质区别,具有较强的自由性、碎片性。

因此,在既定的网络语境范畴中,"二创"类视频在合适的条件下具备了基因增生的基础要求。这给周清平的跨媒介叙事模型带来了新的补充:尽管从意涵上,"二创视频"和其他网络电影、网络综艺等具有相似性,但在实质上,却不足以限定在既有范围中,而需要提出新的理论性补充。

(三)媒介融合中的基因分解

从微观视角来看,文化基因的传递会经历同化、记忆、表达和传输4个不同的生命周期[1]。文化基因可以具体表现为一件文化产品中的各种元素性特质,既包含了可感知、可观察或可体验的显性基因,又包含了内藏着价值、信仰与思维方式的隐性基因,反映出一种独特的风格,常常具有可量化、可分析等特点。

在跨媒介的语境下,周清平认为文化基因的融合近似于物理学领域中的矢量加总。两种媒介在力矩的融合后形成了第三种新的总体矢量,分别以电视/电影文化基

---

[1] Huddy L. From Social to Political Identity: A Critical Examination of Social Identity Theory [J]. Political psychology, 2001, 22 (1): 127–156.

因和网络文化基因的融合形成了新的基因群。在矢量上分为5种文化基因，分别是故事基因（情节、时空、结构）；角色基因（台词、表演）；视听语言基因（镜头、符号、物质媒介、音乐、音效）；风格基因（修辞、时尚、审美）；主题基因（核心理念、价值观）。它们共同构成了一个文化基因族（见图2）。

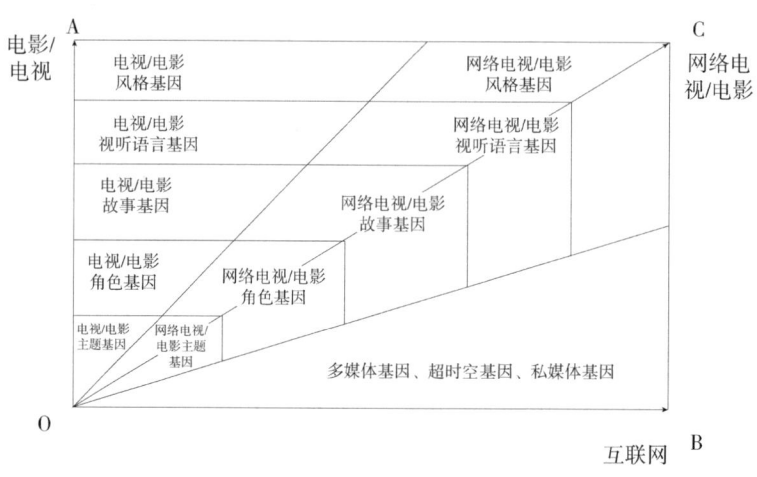

图2　5种基因类别及其融合图示①

在这个融合过程中，基因形成了直接且完全的对接。如网络电影与影院电影的最大区别，就在于增加了网络的多媒体化、超时空化和私媒体等基因。传统的电影或电视基因因为惯例的叙事特点形成了一个固有范式，即以主题为核心，角色次之，故事又次之，视听语言和风格则在最外层。这个由内而外层层剥离的模型构成了一部完整的影视作品。

三、"二创视频"作为跨媒介融合的合法性表现

（一）基因增生合法性的闭环检验

文化基因的增生需要检验，前提是这种创造物拥有足够的活力，自身又具备产生其他新基因的潜力，而不只是一个标本化的终点产品。换言之，完整的文化基因创造是一个闭环。新增生的文化基因固然产生于原有的跨媒介融合过程，但最终需

---

① 引自周清平."互联网+"时代的现代影像艺术［M］.北京：新华出版社，2017.16.（图表有所改动）

要具备完全的独立性并在此基础上形成相对固定的范式。

以"四大名著"及其文化联动为例。20世纪80年代的影视剧《西游记》《红楼梦》及其主人公形象，本质上都是热门的传统IP转化。制作方在影视剧中已经经过了由文本向影像拓展的再媒介转译过程，并因为精良的制作而成为一代人的经典，完成了基因的再创造。而在二创类视频下诸如"林黛玉"与"孙悟空"的爱情故事中，叙事线因为跨媒介增生的巨大跨越而被完全打碎，影视剧中的林黛玉原本对贾宝玉所说的台词被巧妙嫁接到另一部剧里，形成一种特别的对话联动，从而将一个新的玄妙故事和盘托出。在这里，影视剧作为形成新故事起点的原始素材，完成了文化基因的闭环检验与最终确认。

现阶段人们时常提及"新经典"的概念，即在创新环节诞生的文化产物可以在未来成为极具影响力和衍生力的参照系。"二创视频"在当下一个最大的争议点，在于它的基因独立性还没有被认可。尽管"二创视频"看似以一种多元杂糅的方式娱乐大众，但是其中大量的设定、背景乃至镜头语言，仍然照搬了原本的电影或电视作品而难以辨别出其中独立性的成分。作为这种自发创作的娱乐时新产物，观众到底是对它一笑置之，还是真正被吸引到内容当中，涉及文化感知程度的测算问题——它的文化艺术价值也因此难以估量。但是，仍有一些短暂的迹象至少能表明它背后的活力潜能。一旦某个特定的故事燃点被引发，就逐渐形成一种社群式的创作联动和连续性的追索关注。就视频本身而言，一个故事的情节如能引起小范围的追捧，则大多也会被另一个自媒体创作者挪用，逐渐形成一个较大规模的趣缘群体，延伸故事本身的架构。此外，这种活力还呈现在对其他媒介的再度跨越上。例如，网名为"月舞轻影"的作者创作网络小说《来自远方为你葬花》，即是在"伏黛"的爱情故事热潮影响下诞生的文学作品。新的艺术形式开始萌芽，民间自发创作的文化艺术似乎形成了一种自主内生力。

诚然，这种少数现象不能支持并证明"二创视频"都是基因融合的产物，但是至少论证了一种可能性。然而，这一结论仍需要强调"重组得当"的概念，因为并非所有的"二创视频"都是成功的。事实上，真正具备跨媒介基因增生资质的作品是少数。创作的自由性意味着参与门槛的低下。几乎任何初步掌握了剪辑技术的自媒体用户都可以参与这个社群，与大家分享自己的成果。此外，仰赖于既有作品的重新剪辑创作，因其素材来源的有限性而饱受桎梏。大量粗制滥造的、为博眼球而肆意篡改的视频迭出，使得"二创视频"整体被视作一种不成门类的泛娱乐副产品。

（二）基因增生合法性的语境依托

在重组得当的条件下，新的跨媒介叙事产品还需要既有的语境为依托。对于年轻一代而言，"后现代文化性"①也是互联网文化基因中一个重要组成部分。短平快、轻喜剧、无厘头乃至碎片化都是互联网文化特质的关键词，但是这些特质仅存于它所依托的网络环境。一个反面的案例是在 2017 年由央视动画有限公司孩之宝推出的《哪吒大战变形金刚》。它作为一个由官方推演的电视剧，大胆尝试了中国与西方、古代与现代、神话与科幻的跨界融合，但在舆论上却引起了大量的质疑和反对。该片原定在 2020 年上映，但是自 2019 年末发布官方海报后，至今仍没反应。制作发行困难、舆论负面，除却客观因素外这种跨媒介的尝试显然遇到了它的语境瓶颈：同样的夸张色彩在网络条件下大受追捧，越是离奇的、诡谲的，越能成为大家关注的。这仿佛是一种集体的叛逆，对于传统、中规中矩的套路式内容无甚感触，却对于新鲜的、张力的、刺激的成分产生大量共话。然而这种可行性无法被照搬到其他场域中，后者则只能遵循其既往的范式来取得受众的心理认可。

按照网络逻辑营造文化冲突感的《哪吒大战变形金刚》在主流电视剧层面的应用很难被认可，正是因为它的"破碎性"无法被关照到这个模型之中。网剧一经被受众认可，或许可以被电视台接纳并播放，因为他们的母体仍然属于电视媒介，而真正的互联网母体融合却无法在这种环境下生存。所以该剧试图以传统的电视剧模式放映，无论是主题还是人物塑造乃至视听风格都很难让人在逻辑上接受。

然而，"二创视频"打破了这种疏离感的语境。它从诞生之初，就从没有既定叙事标准与形式规范的互联网场域中来，对于任何充满了荒诞、离奇的发展可能，观众都有着极高的包容度，而这也为更多奇诡的想象力、充满张力的故事创意和矛盾性呈现提供了发育的空间。因此，互联网文化基因的增生在今天有着更为宽广的舞台和更少的限制条件。

（三）基因融合理论及新序列模型

事实上，基因的增生本质在于通过一个彻底的重组，产生突破旧逻辑的新基因链。在这条新链上，文化因子按照各自的规律重组，产生不同的吸引效果。在这 3 类视频中，文化基因的具体构成占比也有一定的差异（见表 2）：

---

① 李琳. 网络流行语的后现代文化特征［J］. 兰州学刊，2015（03）：205-208.

表2 各种类别的"二创视频"中原片含量所占比重

	主题基因	角色基因	故事基因	视听语言基因	风格基因
情节变更型	较多	中	较少	多	非常多
碎片组合型	中	少	较少	少	较多
借取重构型	少	少	极少	少	中
二创总体趋势	中	较少	少	较少	多

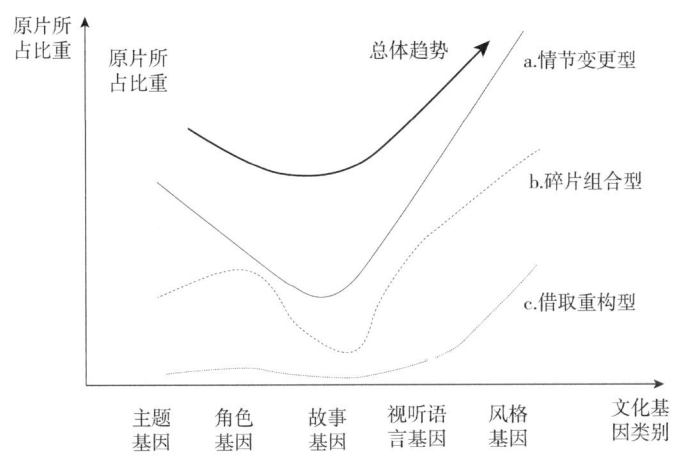

图3 3种"二创视频"的文化基因构成占比情况

从总体趋势来看，这种文化基因的类别呈现一个U形的发展形态（见图3），其中故事基因的部分，大多都具有创新性与重构性。在"二创视频"中，对于情节变更型而言，它保留了部分主题基因和角色基因，以及大部分视听语言基因和几乎全部的风格基因，但只留存了少数的故事基因；对于碎片组合型而言，它保留了大部分电影风格基因，部分角色基因和视听语言基因，少部分主题基因和极少数故事基因；对于借取重构型来说，则仅保留了部分风格基因，少部分视听语言基因和极少数角色基因，却几乎没有主题和故事基因。综合来看，故事的重构始终处于诸多基因中的低谷区，只有在故事重构完整且吸引人的基础上，一个"二创视频"才会被认为是成功的。反观那些支离破碎的叙事，无法体现优秀热门视频的水准。角色也同样紧随其后，产生了较大的影响力。

在新的模型中，因为互联网带来的叙事重要程度变化，由内而外形成了以故事基因为核心、角色基因其次、主题基因再次，视听语言基因和风格基因保持原有位置不变的形态，故事和人物的创意占据了核心主导地位。因此，碎片化的网络叙事不再需要一个强有力的核心宗旨，而更容易凭借情节人物的张力制胜。

因此，能够被认定为具有跨媒介增生效应的"二创视频"，并非简单表现形式，而是那些在内在基因上有根本变动的部分，如增加了新的故事主旨或是人物塑造，且能够被认定为带有原创性的内容。通过总体的界定，二创类视频沿用原作的合理性将得到更清晰的划分。

归纳而言，周清平讨论的跨媒介融合是从主题、角色、故事、视听语言和风格5个层面依次赋予了互联网色彩。这固然十分充分地呈现了在21世纪的前20年网络初步进入全民生活时的媒介融合状态，但随着网络及其背后文化基因进一步发展，在以互联网为核心载体的跨媒介融合过程中，5种基因的组合不再是因循惯例、既定守旧的。互联网基因特质已经被不断地识别和归纳，本质上也影响着基因融合的序列逻辑。

结　语

文化基因的融合在跨媒介语境下应当是宽容和多元的。它可以涵盖不同的母体进行多重、多次的结合，并将其中部分语境进行转化。因此，在互联网时代首先需要认可并接受这种多元性，在此基础上来理解新文化内容产品的诞生。

"二创视频"及其存在合理性在当下仍有争议，并非这种文化融合的形式本身不可行，而更多在于创意成果等内容质量问题。从模式层面来看，"二创视频"并非不能成为一个新文化基因的培养皿。因此，其合理性从逻辑上能够得以确证。

本文的主要目的不在于讨论微观层面具体的"二创视频"是否侵害了长视频的知识产权利益。当下一些视频平台也开始认识到其中的双面性价值，杜绝版权侵占的同时也适当鼓励类似的创作，通过举办一些活动让粉丝对于原剧进行自我阐释和重构，增强原作的影响力，提高它作为经典性文化基因元的作用力。因此，界定权益问题有待实践操作与经验的总结。本文仅希望通过这个学理性的讨论，明晰这一新兴文化现象背后真正具有积极效应的成分，从而在保障既有权益的基础上，最大化地增强社会文化基因活力。

最后，二创类视频作为一种新兴的文化现象，其价值暂时无法用实践来盖棺定论。但是一个可见的趋势是，随着网络文化基因的深度发展，这种跨媒介的融合在不断突破自我，找寻到新的组合方向。无论是"二创视频"，还是其他的创意文化产品，都将在寻求自我生存之道的过程中逐渐形成新的基因增生范式，并探索未来文化艺术品的可能方向。

【参考文献】

［1］孙冰."二创"野蛮生长 短视频背后的版权战与商业局［J］.中国经济周刊，2021，{4}（09）：71-73.

［2］［英］道金斯卢.自私的基因［M］.允中，张岱云，陈复加，译.北京：中信出版社，2018.

［3］周清平."互联网+"时代的现代影像艺术［M］.北京：新华出版社，2017.

［4］向勇，白晓晴.场域共振：网络文学 IP 价值的跨界开发策略［J］.现代传播（中国传媒大学学报），2016，38（08）：110—114.

［5］李琳.网络流行语的后现代文化特征［J］.兰州学刊，2015（03）：205-208.

［6］赵玉岗."二创"影视类短视频创作侵权的界定与治理［J］.科技传播，2022，14（20）：108—110+114.

［7］蔡海波，郑智斌."长短"版权合作背景下"二创"短视频著作权保护研究［J］.电视研究，2023（05）：83-86.

［8］Huddy L. From Social to Political Identity：A Critical Examination of Social Identity Theory［J］. Political Psychology，2001，22（1）：127-156.

区域热点·城乡文化产业

创意劳动的双重性：对韩国演出类音乐工作人员身份的批判性思考

裴慧恩[①]

(北京大学艺术学院，北京 100871)

【内容提要】 新经济条件下，因经济发展对于创意的渴求，衍生出来一个创意阶层，为文化产业的发展提供了新的竞争力。回应时代的召唤，文化企业希望工作人员具备创造性思维、社交能力，拥有创意网络能力，然而各个创意劳动者在工作岗位上遇到感情劳动和关系劳动之间一对多的关系、经历核心层劳动者和中间层劳动者之间的身份重叠、不确定性和自主性的矛盾等问题。根据韩国文化体育观光部等政府公开的调查结果，本文将韩国表演行业音乐相关工作人员视为创意劳动者，探讨他们所产生出来的创意劳动的双重性，并对创意劳动者的身份进行批判性思考。

【关键词】 创意产业；演出行业；创意劳动；不稳定性；自主性

The Duality of the Creative Labor: The Critical Thinking of the Identities of the Korean Music-related Workers

Abstract: In 21st century, creative workers have provided new competitiveness for the development of the cultural industry, and these trends urge cultural enterprises to hope that their staff will have creative thinking, social skills and creative networks. However, each creative worker encounters a one-to-many relationship between emotional labor and relational labor at work, and experiences core-level workers and issues such as overlapping identities, uncertainty and conflicts among workers in the middle-level of creative workers. Based on the

---

① 裴慧恩，女，北京大学艺术学院博士研究生。主要研究方向：跨文化传播和文化交流。

survey results published by the Korean Ministry of Culture, this paper considers music-related staff in the Korean performance industry as creative workers, and explores the duality of the creative labor they produce and the identity of the creative workers.

Keywords: creative industries; performance industry; creative labor; precariat; autonomy

一、引言：创意劳动的复杂性

英国学者吉姆·麦克盖根（Jim McGuigan）提到，创意不是少数人所具有的能力，而是任何从事文化产业的人都可以实现的。① 所谓"创意劳动"是将创意与劳动结合起来，从劳动的视角来阐释和研究这种人类特有的创造性劳动。李喆将创意劳动分为前创意劳动和现代创意劳动。在前创意劳动中，人与人的关系是一种非商品化关系，商品货币关系在创意劳动过程中并不占主导地位，例如，原始部落成员对自己部落的从属、奴隶对奴隶的从属等。与此不同，在现代创意劳动中，人与人的关系是一种以商品为创意劳动载体的经济关系，也是人与人之间的交换关系。② 文化产业工作者一般以创意人才为命名。其实，以创意作为媒介引导青年人才的流动，这些人才能在一定程度上应对高强度的劳动。③ 创意并不是消耗或消失资源，但具有高度的剥削性质。④ 创意的发展也是一个因人而异的问题，它的缺乏往往可以归因于个体的才能和人格。⑤ 文化创意产业的蓬勃发展依靠创意人力资源的投入产出和创意阶层的崛起。"智力资本"为文化服务和文化产业生产、流通及传播起到极大的作用。伴随着娱乐策划公司、演唱会策划公司等新兴业态的出现，韩国也开始重视以创意为中心的文化产业。⑥ 近年来，关于创意阶层和创意资本的研究呈现爆发式增

---

① McGuigan J. Creative Labour, Cultural Work and Individualization [J], International Journal of Cultural Policy, Routledge, 2010.
② 李喆. 创意劳动论 [M]. 北京：社会科学文献出版社，2012：37.
③ Saintilan P, Schreiber D. Managing Organizations in the Creative Economy: Organizational Behaviour for the Cultural Sector [M]. Taylor & Francis. 2023：130—150.
④ Bitlon C. Management and Creativity : From Creative Industries to Creative Management [M]. John Wiley & Sons Limited. 2007.
⑤ Nelson C. The Invention of Creativity: The Emergence of a Discourse [J]. Cultural Studies Review, 2010, 16 (2): 49-74.
⑥ 作为21世纪的新成长动力产业，文化产业及创意产业备受关注。根据首尔研究院（The Seoul Institute）创意产业是指，除了出版、唱片、视频、表演艺术、游戏等文化产业，还包括建筑、广告、设计、研究开发等产业。https://data.si.re.kr/data/%EC%A7%80%EB%8F%84%EB%A1%9C-%EB%B3%B8-%EC%84%9C%EC%9A%B8-2007/165

长，这与自 2000 年之后创意讨论逐渐被重视的背景相吻合。

大多数世界知名的文化企业，都是以创造力为基础，崇尚创新人才，配合新型管理模式，在市场中占有很大份额。它们对创意劳动者提出多种能力要求：创新事物的能力、观察事物的能力、合作协调的能力、预测社会发展走向的能力、独特的审美能力、坚持进行创造的能力或者对创意的执行力。[①]创意劳动与其他类型劳动的最大区别就在于它需要通过劳动产生出新内容、新思想、新设计。然而，公司却将创意劳动的要素简单地转化成个体在社会上的一种生存技巧，有意地忽略了在这个过程中产生的情感性劳工。

近年来，学术界表述这种工作的许多术语应运而生：非物质劳动（immaterial labor）、情感劳动（emotional labor）、文化劳动（cultural labor）、关系劳动（relationship work）等。一个创新性产品，往往需要多个团队的合作才能生产出来。有时候，某些创意，仅凭几个团队的合作，也难以在行业中取得成功，比如要经过策划者、创造者、经纪人等，才能把创作出来的成果分发到大众手中，让它的价值得到认同。要正确认识文化产业工作者的行为模式，必须考虑创意劳动、关系劳动与情感劳动。包括社会网络和自我管理的能力是创意劳动者的美德。[②]

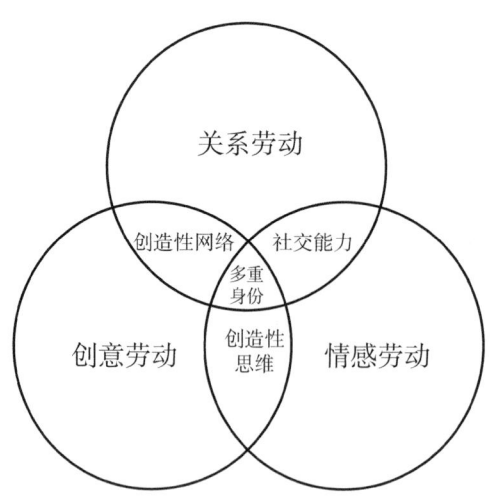

图 1　创意劳动者的身份重叠

---

① 李喆. 创意劳动论［M］，北京：社会科学文献出版社，2012：103-104
② Bridgstock R, Goldsmith B, Rodgers J, Hearn G. Creative Graduate Pathways Within and Beyond the Creative Industries［J］. Journal of Education and Work，2015，28（4）：333-345.

英国艺术和人文科学研究委员会的大卫·赫斯蒙德夫（David Hesmondhalgh）和莎拉·贝克（Sarah Backer）对文化产业中广播、音乐、杂志出版领域的从业人员进行过采访，对艺术界从业环境的困境进行过实证研究。他们将艺术界的劳动定义为"创意劳动"，①不仅认为所有文化制品皆是文本，是充分利用文化的"符号创意"（symbol creativity），而且将创意劳动的范围延伸到其他文化产业领域。例如，核心文化产业从事文本的产业化生产和流通，包括广告与营销、广播、电影产业、网络产业、音乐产业、印刷与电子出版、视频与电脑游戏等。创意劳动本身需要考虑生产的非经济性问题，诚如美国经济学家威廉·鲍莫尔（William Baumol）与威廉·鲍文（William Bowen）认为，表演艺术的经济困境，即日益增长的人均收入和举办表演的成本增长二者之间存在矛盾。

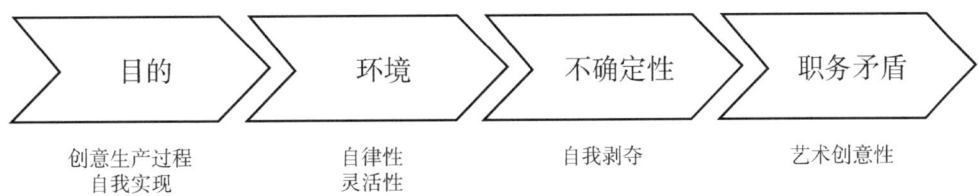

图 2　创意劳动的特殊性
来源：根据 Hesmondhalgh, D.&Backer, S.（2013）②, pp.1–15 进行整理

本文以创意劳动所具有的复杂性为线索，③对韩国舞台行业里音乐相关工作人员的身份进行批判性思考，探析该行业创意劳动的双重性。根据韩国政府发布的公开资料《2021大众文化艺术产业现状调查报告》④和《2021文化内容产业统计调查》⑤，该行业的问题较为突出。

---

① Hesmondhalgh D, Baker S. Creative labour: Media Work in Three Cultural Industries [M]. Routledge.2013.
② 同①.
③ Baumol W J, Bowen W G. Performing Arts—The Economic Dilemma: A Study of Problems Common to Theater, Opera, Music and Dance [M]. Gregg Revivals.1993.
④ 韩国文化产业振兴院.2021大众文化艺术产业现状调查报告.[EB/OL].（2022-01-12）[2023-08-30］. https://welcon.kocca.kr/ko/info/trend/1951145.
⑤ 韩国文化产业振兴院.2021文化内容产业统计调查.［EB/OL］.（2023-03-16）[2023-09-15］. https://www.kocca.kr/shortUrl/rH8p1.

二、创意劳动者身份问题

　　大卫·特罗斯比（David Throsby）认为，文化产业以创意性转增、象征意义和知识产权为特点，通过产业向市场提供出货、分配、生产、雇用等活动，而且满足消费者需求的文化生产伴随着经济潜力的意义。美国人文地理学家理查德·佛罗里达（Richard Florida）将城市新兴的敢于创新和具有创新精神的群体称作"创意阶层"，并以此来说明这一群体对促进一个城市的可持续发展具有决定性的意义。然而，关于创意劳动者是否被包括在创意艺术家范围的问题，每个国家都保持不同观点。约翰·哈德利（John Hartley）将创意劳动范围定于设计、制造、表演和协作的劳动力。① 安吉拉·麦克罗比（Angela McRobbie）将创意劳动的特征解释为：尽管有自由性，但他们更倾向于做零工，为多个雇主工作，且很难联合，在工作中犯了错，就把责任揽到自己身上。② 大卫·赫斯蒙德夫（David Hesmondhalgh）将生产文化商品的劳动过程视为创意劳动过程，将作家、演员、导演等核心工作人员称为"核心创意人才"（primary creative personnel）；将以音响导演和摄影监督等熟练的技术为基础，协助制作象征商品的从业人员称为"工艺和技术工作者"（craft and technical worker）；还有扮演创意工作者和市场营销者的协调者，平衡文化产品的艺术价值和商业价值的"创意经理人"（creative manager），等等。③ 2017年，韩国标准职业分类组织（KSCO）发布了文化艺术行业工作者分类，即，管理人员（manager）、专家及相关工作人员（Professionals and related workers）、服务工作人员（service worker）。管理人员被定义为以创意思维为基础，执行企划、指挥和协调政府、企业、团体或其内部部门的政策和活动，并承担演出、展览、出版和影像相关的管理的人员。专家及相关从业人员被定义为具有特定领域的专业知识和经验，利用概念和理论对相关领域的研究、开发、咨询、管理等提供专业服务的人员。不难发现，前两大分类人员都强调"创意"和"管理"，分类汇总发生重复。

　　在此情况下，本文发现，韩国表演行业负责音乐相关的工作人员也面临因业务分类重叠而承担多重身份的问题，譬如，音乐监制、调音师、音响工程师等根据韩国文化产业分类，原则上属于音乐行业，而不是表演行业，工作岗位之间区分边界

---

① Hartley J, ed. Creative Industries [C]. Blackwell, United Kingdom. 2005：9.
② ［英］安吉拉·默克罗比.创意生活：新文化产业 [M].北京：商务印书馆.2022：130.
③ 向勇.文化产业创意经理人创意领导力研究——基于海峡两岸文化产业案例分析 [J].北京联合大学学报（人文社会科学版），2011，9（03）：90.

模糊。根据李喆所提出的创意劳动的类型划分，广义创意劳动圈层结构可分为核心层、中间层、拓展层，这三个圈层之间的联系主要通过合约进行维系。[①] 创意劳动的生产过程一般沿着"劳动—价值构成—商品分配—创意劳动"产品消费等过程步步推进。本文关注创意劳动的生产阶段，尤其关注音乐相关工作人员作为创意劳动者的双重身份——表演创作人与舞台设计技术人。

本文将表演行业从事音乐工作的人员视为位于核心层和中间层的创意劳动者。在制作表演作品等商品化创意劳动产品的生产链条之中，处于核心层的创意劳动者在生产环节和劳动过程的最高端。他们以独特创意想法为文化资本，制作并编辑符合表演气氛的音乐，是一种产品处于设计和研发阶段的活动。同时，这些工作人员还承担中间层创意劳动者的角色。尽管从劳动产品的形式上看他们并没有直接生产或创造出某种需要，但是从管理型创意劳动对最终创意劳动产品的形式的作用程度来看，中间层创意劳动同其他管理劳动一样，起到指挥者的作用。在创意管理劳动、管理型创意劳动、中介和经纪活动和产品生产型创意劳动当中，音乐监制、调音师、音响工程师属于最后一个类型。这些工作人员的岗位职责包括控制录音工程的排程、训练和指导新的音乐家、组织调度制作预算和资源、监督录音的过程、进行混音及母带后制。这些工作人员不仅负责音乐制作和数字音乐编程等创造性活动，还要适当选择演出背景音乐等对于上一层创意活动的选择性活动。[②] 在音乐作品创作中，作曲家和编曲家的劳动与技术的联系同样紧密。在作曲和编曲过程中，先进的电脑作曲设备，例如，调音台、音源模块、数码录音机、功放机、扬声器等外接设备，能够极大地缩短作曲家记谱和修改的时间，从而缩短作曲周期。此外，录音设备的更新换代和数字技术的运用，使得作品能够呈现出与众不同的音乐风格。不难看出，技术影响创意劳动的切入点也正是从这个层面实现的。

---

① 李喆.创意劳动论［M］.北京：社会科学文献出版社，2012：77
② 根据欧洲前沿经济研究所，五位元行业标准分类系统（5-digit Standard Industrial Classification）分类用于划分创意产业的结构层次。第一层的创意活动包括协作、演奏、表演、作曲、拍摄、编程；第二层对第一层创意劳动的选择，包括展会和演出活动的组织者、传媒、中介及经纪活动；第三层服务于第一层创意活动的机构；第四层包括与第一层创意产品有关的硬件的销售活动；第五层包括创意产品的零售活动。

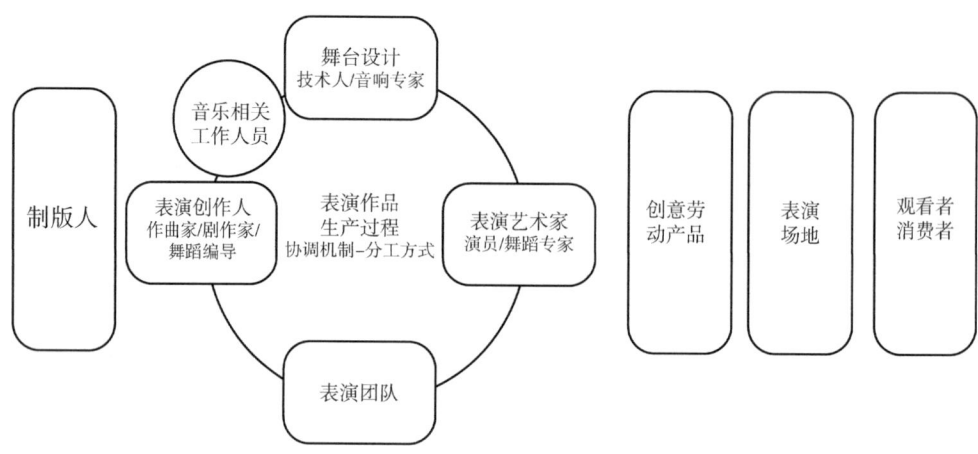

图3 表演艺术生产过程以及其中音乐相关工作人员的身份

三、创意劳动双重性：重叠与分离

（一）不确定性

根据韩国文化体育观光部和韩国文化产业振兴院发布的《2021文化内容产业统计调查》，从2021年文化产业公司数量来看，年销售收入达不到10亿韩元（约548万元人民币）的公司或机构有95 878家，占比为88.3%；10亿韩元以上的公司有10 717家，占比为11.7%。其中，年销售收入达不到10亿元韩币的音乐公司有32 863家，在整个音乐公司中占比为96%。对于合同签约而言，作为音乐公司的成员，音乐监制、调音师、音响工程师等以任务和项目为导向，与表演团队签订合同。在签约类型方面，2020年，舞台艺术专业人士资格验证委员会对367名工作人员进行问卷调查，其结果显示，"个人签约"方式占比83.4%，"团队签约"方式占比16.1%，"个人和团队签约"及"与公司直签"占比为0.3%，呈现个人签约的马太效应（见表1）。在签约周期方面，大部分创意产业的工作人员只能依靠"以作品和项目为基本单位"的签约方式（2022年占比62.1%），"以月为单位"签约和"以年为单位"占比分别为27.8%和4.4%。与2018年相比，以作品为单位的签约数量占比增加了6.1%，"以月为单位"则降低了8.7%。从2021年起，韩国文化产业振兴院通过《大众文化艺术产业事态调查报告》，开始进行过度工作有关的调查。在400个受访者当中，平时经常过度工作的受访者占比为48.0%。在工作经验方面，文化产业艺制作工作人员的总工作时间为平均6.9年,与2018年同期相比增加13.8个月。大部分情况下,从事音乐剧工作人员属于自由职业者(freelancer),以2020年为准,制作工作人员参与作品数量平均为13.8项,"从10到29项""从5到9项"比重分别为36.5%、25%。而且,属于平台和正规制作公司的工作人员只有28.8%,不属于公司的工作人员占比71.3%。① 韩国舞台艺术人员的签约周期(见表2)。可见,创意产业中,这种柔性工作方式可以快速而灵活地将不同劳动者的专业技能结合在一起,创造价值。创意劳动者在设计和制作产品的过程中需要考虑这种多样性,从而有可能为产品价值的实现带来不确定性和风险性。此外,音乐产业高学历者比重较高(研究生毕业以上学历者占86%),呈现高学历和年轻化趋势。在舞台表演上,与音乐有关的商业人员承担着直接影响听众的工作,因此也常被人们看作是"创意专家"。但是,因为没有创造性专门人才的统一标准,所以可以假定雇佣是基于教育背景的,又或者是因为这一特点,很多公司都对高学历人才有较高的需求。受过高等教育的学生越来越多,主要是因为近年来文化行业,如创意合成与研究等,对个人智力与能力的要求越来越高,而且愿意进入这一行业的人也随之越来越多。

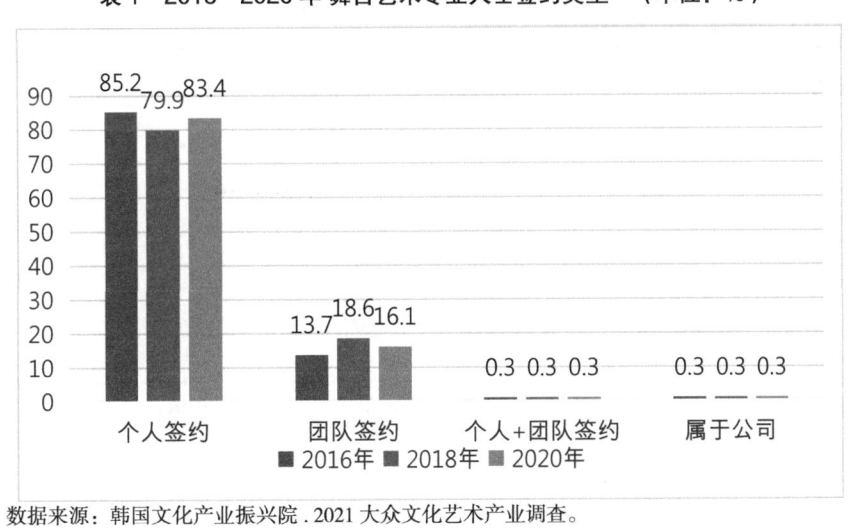

表1 2016—2020年舞台艺术专业人士签约类型②(单位:%)

数据来源:韩国文化产业振兴院.2021大众文化艺术产业调查。

---

① 韩国文化产业振兴院.2021大众文化艺术产业调查.[EB/OL].(2022-01-12)[2023-09-15].https://welcon.kocca.kr/ko/info/trend/1951145.
② 2016年:n=291,2018年:n=323,2020年:n=367。

表2　2016—2020年 签约周期（单位：%）

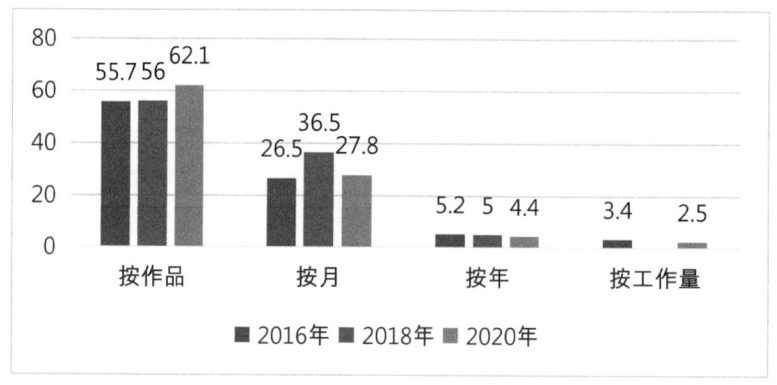

数据来源：韩国文化产业振兴院．2021大众文化艺术产业调查。

根据韩国表演法，舞台艺术专业人士资格验证委员会将工作人员分为"表演舞台工作人"和"表演制作业从事者"。以2017年为准，表演场运营人力分为公演事业部（15.2%）、表演场运营及支援（12.4%）、行政支援（40.8%）、其他（10.9%）。舞台技术人力为2532名，占表演场运营人员的20.3%，占总运营人力的73.2%。按照此类别，表演行业当中从事音乐事业的工作人员常被列为一般劳动者。这种分类和标签未能充分体现他们的创意性，因此存在一些问题。

关于创意劳动的不确定性，英文词一般被认为是"precariat"。它是由伦敦东方与非洲研究大学教授盖伊·斯坦丁（Guy Standing）首次提出，本意为"不稳定型无产者"。"precarious"的形容词和"proletariat"，无产阶级的合成词，意思是"不稳定、不确定"，指没有雇佣稳定性和劳动安全网的人。①2012年，国际劳工组织（ILO）将从事不稳定劳动的人定义为"precariousness or precarity"，并将其工作定义为"不安全劳动（precarious work）"。"precaria"是指不稳定性，虽然在很多领域都有使用，但也可以混在一起使用。从资本与劳动者之间的关系来看，平台或者企业等经由非正式的雇佣契约、劳动保障义务的解除，以及弹性化的薪酬支付体系等方式，将市场风险部分地转嫁到劳动者个体身上，从而在充分竞争的劳动供给市场中，最大限度地进行商业风险的管控。政治经济学者将这样的群体称为不稳定性无产者（precariat）。②

---

① Allen K. The Precariat：New Class or Bogus Concept？[J]．Irish Marxist Review，2014，3（9），43-53.
② Andersson Schwarz J. Platform Logic：An Interdisciplinary Approach to the Platform-based Economy[J]．Policy & Internet，2017，9（4）：374-394.

蓝纳·格林浩尔（Leonard Greenhalgh）和泽哈瓦·罗森布拉特（Zehava Rosenblatt）是首次研究"工作不稳定性"的学者。"工作不稳定性"被定义为"在工作受到威胁的情况下无法维持个人意愿的无力感（perceived powerless to maintain desired continuity in a threatened job situation）"①。其构成要素为"目前职务丧失"和"职务特性丧失职务维持"，"职务丧失及对职务特性丧失的威胁程度"和"无力感"。工作不稳定可以分为客观工作不稳定（subjective job insecurity）和主观工作不稳定（objective job insecurity）。尽管如此，创意劳动从事者们通过挑战意识、兴趣、参与、有魅力的职业、自律性等克服了劳动不稳定性和低工资问题。此外，与普通工人相比，一些创意工人对自由选择工作时间、安排闲暇时间、组织自由工作感到满意。②工作不确定性以工作不确定性当中丧失的本质（nature of loss）可以分为失去目前的工作（Loss present job）③和留在目前的工作岗位但失去工作能力（Keep present job but loss job features）④。由此可以看出，工作的不稳定性也会因工作量而不同。如果不能很好地控制好对自己的工作产生的不良影响，将会使工作更加不稳定。

（二）自主性

"音乐创作人"同时具备"需要得到音乐灵感"的创作人、"音乐事业的职员"和"与创作团体签订合约的工作人员"三种身份。由此可以看出，创造性工作者的认同具有复杂性，且认同与其自主性密切相关。创意工作者经历了三种身份认同，即创意个体、组织成员和专业职业人。音乐相关工作人员的工作类型对"艺术创意性"和"审美能力"产生影响。据调查，与从事大剧场音乐剧的工作人员相比，从事多种类型的小剧场音乐剧或舞蹈等的工作人员的艺术创意性水平更高。大剧场音乐剧的音乐相关业务已经存在业务经营方针，所以在进行相关业务的过程中，感觉自己的身份更偏向于重复着同样的工作的技术人员，而不是创意劳动者。对于表演艺术从事者来说，发挥个人的创意性投入工作是重中之重，与其他类型相比，大型音乐剧的招聘更加重视认知度和人际关系。此外，以"创作"为主的人才与"技术"人才相比，"工作狂""艺术创意性""工作满足度"较高。相反，"离职矛盾"指标在技术人员当中，呈现比较高的比例。"创意劳动者"的职业认同感必须超越劳动

---

① Greenhalgh L. Rosenblatt Z. Job Insecurity [J]. The Academy of Management Review，1984，9（3）：438-448
② Hesmondhalgh D，Baker S. Creative labour：Media Work in Three Cultural Industries [M]. Routledge.2013：223-250
③ Indefinite job loss，Temporary job loss，Demotion on another job within organization.
④ Career progress，Income stream，Status-self esteem，Autonomy，Resources，Community.

者的层面，形成引领文化产业的专家的伦理态度。对创造力程度或创新含量的度量，本来是非常难以实现的，但是在实际生活中，在每个行业中，为不同的工作者分配价值标准，是一个按照行业规则或行业管理制定的一套被从业者默认的标准。① 一般受访者虽然对自己的创意业务评价不高，则表现出了想要成为创意大师的双重态度。以《2021 大众文化艺术产业现状调查报告》为依据，在同事关系、自己的技术和能力、工作过程、舞台从事者的社会认识方面，工作满足度较高，在发展可能性、工资、工作时间等方面尚未获得满足感。从事相关业务的最终目标是核心创作人，其比例为 65.6%，主要理由为工作的乐趣、创意性活动、梦想和目标。艺术生产劳动是劳动者摆脱异化劳动的桎梏之后，劳动成为每个人的生活需要，因为人要借助劳动来实现自己的发展，实现自我全面发展，劳动成为真正自由的表现，成为一种快乐。②

赫斯蒙达尔夫和贝克在创意劳动强调"自主性"（autonomy），它是指个人选择自己的行动和自我调节，可以通过自己的选择来决定自己的行动和未来计划，而不是他人的意愿和情感，这被理解为自我决定性（self-determination）。以技术人才为核心的劳动特性为创意劳动者赋予了更多的话语权，公司的劳动控制也随之呈现出更为柔性的趋势。自主性可划分为两类：一是工作的自主性（workplace autonomy），这是指劳动者个体或群体在从事某一具体工作时所能自主选择的行为。二是创意自主性（creative autonomy），即在艺术创作、知识创作和象征符号创作中，能够摆脱制约和束缚，自主开展自己的工作。③ 在此情况下，柔性招聘（灵活雇佣）制度④的引入在一定程度上不仅能调和劳资矛盾，而且实现了创意自主性与劳动控制之间的平衡。柔性团队或组织在结构上没有固定和正式的组织架构，而是临时的、以任务和项目为导向的临时团队式组织。这种团队具有更高的灵活性、灵敏度及弹性或抗冲击性。⑤ 当一部演出谢幕之后，柔性团队便自动解散，下一次项目团队通常会根据作品的具体需求重新组织工作人员。但在其中存在的隐性的心理约束同样值得关注，劳

---

① 李喆. 创意劳动论 [D]. 陕西：西北大学，2009：119-120.
② 朱光潜. 生产劳动与人对世界的艺术掌握. 光潜全集第 10 卷 [C]. 安徽：安徽教育出版社，1996：202-212.
③ 〔韩〕Chairin A. The Multiple Identities of Creative Laborers and the Level of Creative Autonomy: A Case Study of the Korean Entertainment Television PDs [J]. The Journal of Korean Association of Arts Management. 2017, 41: 37-65.
④ 由雇主自己雇佣的被称之为"灵活雇佣"，灵活雇佣的人才是以非全职的形式来学校工作的各种高层次人才。
⑤ 李喆. 创意劳动论 [M]. 北京：社会科学文献出版社，2012：77

动控制由行为转向心理的趋势也将成为创意产业工作方式的重要研究内容。[1] 在资本的操纵下，创意劳动者也会受到劳动力管制的影响，灵活聘用是否可以在创新自治和用工管控之间取得一种均衡呢？由于创意劳动者的特征——自主性，他们除了工作时间，还经常被要求利用业余时间做与业务相关的工作，并自我开发。例如，如果把自主性视为美德，就会导致自我剥削，甚至会加重感情劳动。换而言之，自主性在创意劳动和感情劳动的重复领域中可以抵消感情劳动，但有时也会成为深化的机制。[2] 部分回答者认为高层次的创意只有具有才华的人才能发挥，这与康德的艺术天才理论等比较传统理论有着异曲同工之妙。部分被调查人将创意性视为高层次的美德，也受到了不少压力。从这一点看，即使在同样的工作岗位上，他们对"创意性"的看法也有所不同。

四、结　　语

在创意劳动悄然改变传统劳动形式和特征的情况下，不禁发出疑问：为何文化产业中的人才还能持续创意工作。不同学者对创意劳动的特殊性和环境归纳为：自主性、灵活性、创意性、不稳定性等因素。关于进入文化产业的原因，赫斯蒙达尔夫和贝克认为，这是一种内心的动力，是一种成功的渴望，是一种通过实现创造性来满足职位等"劳动者个人的欲望"。最终，自我剥削的劳动和工作不确定性会继续存在。本文着眼于创意劳动的悖论特征，即双重性，以文献调查和统计资料为基础，得出以下结论：演出行业的音乐从事者在工作过程中不仅呈现创意劳动的特征，还可以呈现关系劳动和感情劳动，这种劳动处于重叠的领域。工作人员在这种重叠的认同感中感到混乱，或者为了符合公司的要求，努力进行自我开发。这种拼命工作偶尔不幸导致自我剥削，或者觉得在自己的劳动中创意性业务的比重低，就会选择离职。这种利用会造成丧失身份认同感的风险。

"创意劳动"的评估存在不确定性，在未来也会引起许多争议。尽管整个社会在环境上改变以支撑高质量的劳动，但就劳动者而言，高质量劳动的实现，最后仍

---

[1] 黄佩，张丽娜.柔性雇佣下的网络游戏从业：创意自主性与劳动控制的平衡[J].华东理工大学学报（社会科学版），2022，37（02）：30-44.
[2] 〔韩〕Sanghwa L. Laborers' Identity of Event Producers Within the Popular Music Industry: Focusing on Creative Labor, Relationship Labor & Emotional Labor [D]. The Graduate School of Communication and Arts Yonsei University, 2021: 17-20.

需有合理恰当的补偿。本文研究的启示在于，在文化艺术领域中，要有多元化的创意人才，要建设一个开放的、良性循环的"健康的文化市场"，就必须有一个以国家机构为核心的稳定的社会网络，以及专业培训机构等。赫斯蒙德夫也指出，文化产业及其生产的文本是复杂的、矛盾的、充满争议的。他愿意以符号创作者（symbol creator）来说明创意劳动组织与传达象征，反映了当今资本主义社会明显存在的不公平；同时，作为符号创作者的创意劳动人要以与众不同的符号创意推动整个文化产业的发展。①

【参考文献】

[1] 黄佩，张丽娜. 柔性雇佣下的网络游戏从业：创意自主性与劳动控制的平衡 [J]. 华东理工大学学报（社会科学版），2022，37（02）：30-44.

[2] 李喆. 创意劳动论 [D]. 陕西：西北大学，2009：119-120.

[3] 李喆. 创意劳动论 [M]. 北京：社会科学文献出版社，2012.

[4] [英] 大卫·赫斯蒙德夫. 文化产业 [M]. 北京：中国人民大学出版社，2007.

[5] 向勇. 文化产业创意经理人创意领导力研究——基于海峡两岸文化产业案例分析 [J]. 北京联合大学学报（人文社会科学版），2011，9（03）：87-93.

[6] [英] 安吉拉·默克罗比. 创意生活：新文化产业 [M]. 商务印书馆. 2022.

[7] 朱光潜. 生产劳动与人对世界的艺术掌握. 光潜全集第10卷 [C]. 安徽：安徽教育出版社，1996：202-212.

[8] Allen K. The Precariat: New Class or Bogus Concept? [J]. Irish Marxist Review, 2014 3 (9), 43-53.

[9] Andersson Schwarz J. Platform Logic: An Interdisciplinary Approach to the Platform-based Economy [J]. Policy & Internet, 2017, 9 (4): 374-394.

[10] Baumol W J, Bowen, W G. Performing Arts—The Economic Dilemma: A Study of Problems Common to Theater, Opera, Music and Dance [M]. Gregg Revivals.1993.

[11] Bitlon C. Management and Creativity: From Creative Industries to Creative Management [M]. John Wiley & Sons Limited. 2007.

[12] Bridgstock R, Goldsmith B, Rodgers J, Hearn G. Creative Graduate Pathways Within and Beyond the Creative Industries [J]. Journal of Education and Work, 2015, 28 (4): 333-345.

[13] Hartley J ed. Creative Industries [C]. Blackwell, United Kingdom. 2005.

[14] Hesmondhalgh D, Baker S. Creative Labour: Media Work in Three Cultural Industries [M]. Routledge.2013.

[15] Greenhalgh L. Rosenblatt, Z. Job Insecurity [J]. The Academy of Management Review, 1984, 9 (3): 438-448.

---

① [英] 大卫·赫斯蒙德夫. 文化产业 [M]. 北京：中国人民大学出版社，2007.

［16］McGuigan J. Creative Labour, Cultural Work and Individualization［J］. International Journal of Cultural Policy, Routledge, 2010.

［17］Nelson C. The Invention of Creativity: The Emergence of a Discourse［J］. Cultural Studies Review, 2010, 16 (2): 49-74.

［18］Saintilan P, Schreiber D. Managing Organizations in the Creative Economy: Organizational Behaviour for the Cultural Sector［M］. Taylor & Francis. 2023.

［19］〔韩〕Chairin A. The Multiple Identities of Creative Laborers and the Level of Creative Autonomy: A Case Study of the Korean Entertainment Television PDs［J］. The Journal of Korean association of arts management. 2017, 41: 37-65.

［20］〔韩〕Sanghwa L. Laborers' Identity of Event Producers Within the Popular Music Industry: Focusing on Creative Labor, Relationship Labor & Emotional Labor［D］. The Graduate School of Communication and Arts Yonsei University, 2021: 17-20.

［21］韩国文化产业振兴院. 2021大众文化艺术产业现状调查报告.［EB/OL］.（2022-01-12）［2023-08-30］. https://welcon.kocca.kr/ko/info/trend/1951145.

［22］韩国文化产业振兴院. 2021文化内容产业统计调查.［EB/OL］.（2023-03-16）［2023-09-15］. https://www.kocca.kr/shortUrl/rH8p.

基于新部落主义的工业遗产适应性更新评估
——以宁波渔轮厂为例

杨程程[①]

(浙江大学公共管理学院社会学系，浙江杭州 310058)

【内容提要】 作为文化遗产的重要构成部分，工业遗产被视作国家及地方的"文化资源"。工业遗产更新之于地方产业及城市发展的可能日渐被感知。围绕工业遗产进行保护与再利用，成为诸多城市建设公共空间，构筑城市文化精神的重要手段。现有研究多聚焦于工业遗产改造更新过程中的技术策略及成效评估，缺乏对创造、留存、传承遗产相关群体的关注。本研究引入"新部落主义"理论，依托实地调研所获材料，对宁波渔轮厂这一工业遗产的适应性更新实践进行评估分析。发现宁波渔轮厂更新过程中，通过结构及材料的再利用为"唤醒基础的共在"与"回应社会的本能"创造了可能；在介入新功能以构筑审美的邻近性上，其新业态、新活动能否重构大众的情感部落具备不确定性；在演绎社会习俗以实现文化态的延续上，"在场"与"亲近"的吸引力仍有待提高。

【关键词】 新部落主义；工业遗产；适应性更新；宁波渔轮厂

Adaptive Reuse Assessment of Industrial Heritage Based on Neo-tribalism: The Case of Ningbo Fishing Vessel Factory

Abstract: As an important part of cultural heritage, industrial heritage is regarded as a national and local "cultural resource", and the potential of industrial heritage regenera-

---

① 杨程程，女，浙江大学公共管理学院博士研究生。研究方向：文化遗产。

tion for local industries and urban development is increasingly recognized. The conservation and reuse of industrial heritage has become an important means of building public space and constructing the cultural spirit of the city in many cities. Most of the existing studies focus on the technical strategies and evaluation of the effectiveness of industrial heritage renovation and regeneration, but there is a lack of attention to the groups involved in creating, preserving, and passing on the heritage. This study introduces the theory of "Neo-tribalism" and evaluates the adaptive regeneration practices of the Ningbo Fishing Vessel Factory based on the materials obtained from field research. It is found that in the process of regeneration, the reuse of structures and materials in the fishing ship factory has created the possibility of "awakening the basic co-existence" and "responding to social instincts". There is uncertainty as to whether the new forms and activities can reconstruct the public's emotions and tribes, and the attractiveness of "presence" and "proximity" still needs to be improved in terms of interpreting social practices to perpetuate the cultural state.

Keywords: Neo-tribalism; industrial heritage; adaptive reuse; Ningbo Fishing Vessel Factory

一、前　　言

工业遗产这一概念作为文化遗产保护领域的专业术语，首次出现在国际工业遗产保护协会起草的《下塔吉尔宪章》中。该宪章关注 18 世纪后半叶工业革命以来工业活动创造、留存的文化遗产，将工业遗产具体界定为：具有历史、技术、社会、建筑或科学价值的工业文化遗迹，包括机械、厂房、生产作坊和工厂、矿场，加工提炼遗址、仓库货栈、生产、转换和使用的场所，交通运输及其基础设施，以及用于住所、宗教崇拜或教育等和工业相关的社会活动场所，并倡导"工业遗产要通过具有新使用价值的改造使其安全保存，那些不具备历史文化背景的一般遗产应在保留建筑主体原组织运作方式的前提下，建立与之相互适应、相互协调的新型功能、用途及建筑形态"[①]。

20 世纪 80 年代以来，文化遗产观念发生转向，开始关注人的主体性和面向未来。在此背景下，工业遗产被重新审视，其具有的历史、技术、社会、建筑或科学

---

① 张松. 城市文化遗产保护国际宪章与国内法规选编[M]. 上海：同济大学出版社，2007：6.

价值得到认识和发掘。随着城市更新和全球化的加速，工业遗产的适应性更新和再利用成为城市发展策略，用来促进城市的可持续发展、文化景观创造、经济发展和就业机会增加等。工业遗产的更新和再利用也成为城市规划和发展的重要组成部分，为城市创造更多的文化、经济和社会价值。此后工业遗产的保护与发展成为我国行政部门、学术界以及社会的关注议题。2006年，首届中国工业遗产保护论坛在江苏无锡召开，通过我国首部工业遗产保护的纲领性文件《无锡建议》[①]。围绕工业遗产的保护改造、更新再利用的实践不断涌现，工业遗产的更新与再利用成为彰显城市文化特色、提升城市影响力的重要手段。上海江南造船厂改造为世博会会址，杭州小河油库由废弃空间转变为多功能公园，首钢老园区推进工业转型和创意复兴……许多工业起步早、经济基础好的城市试图跳出固有开发模式局限，构建工业遗产更新与城市复兴的良性互动模式。

二、研究综述与理论视角

（一）研究综述

实践上的蓬勃兴盛促进了学术研究的繁荣，学术界涌现了一批关于工业遗产研究的理论成果。理论层面，最初有学者从分类概念上将工业遗产与农业遗产、商业遗产并列为产业遗产的三种类型，开始拓展工业遗产的景观内涵并对其构成与整体性特征展开探讨。近年来的研究关注工业遗产的价值评价体系与核心价值选择问题，对工业遗产的概念进行再认识、分别辨析、话语变迁反思。应用层面，最初学者们汲取西方国家工业遗产开发保护的他山之石为实践提供经验，在此基础上对国际工业遗产保护模式进行梳理，将工业遗产开发与创意产业嫁接，随后萌生一系列针对具体地区与城市，如东北、武汉、上海、无锡等地的工业遗产保护规划分析。之后的研究更聚焦个案，如围绕广州红砖厂、重庆二厂文创园、洛阳轴承厂、景德镇陶溪川进行对策性分析。近年来的研究开始剖析现实操作中工业遗产改造与社区更新、城市复兴之间的关系。

工业遗产不仅是国家工业化进程的历史、科学技术发展的历史，更是人的历史，是无数个体与群体的劳作、创造留存了工业遗产。而当前无论是理论层面的探索还是应用层面上的经验剖析，学者们的研究几乎都是从"物"的角度出发，将工业遗

---

① 张双敏，孙漪娜. 中国工业遗产保护论坛在无锡举行 [N]. 中国文物报，2006-04-21（1）.

产视作可利用的资源，关注的是工业遗产再利用与地方产业或城市发展之间的可能。保护工业遗产是保护曾经与此休戚相关的人们的生活方式、生存状态和情感经验[①]，对工业遗产改造更新的评估，更应该从"人"的视角出发，基于人的情感进行评估，工业遗产在改造、转化的过程中要能够与人产生新的关联与交互，最终作用于城市文化的迭代更新。法国社会学家马费索利的"新部落主义"理论归纳了时代变迁下人的情感需求及社会基础的变化。工业遗产的适应性更新是否与个体、群体的新需求步调一致，或可从中得到启发。

（二）理论视角

1.新部落主义

法国社会学家马费索利提出了"新部落主义"的概念。他认为，当代社会，部落成为感情共同体的隐喻，相比于现代、理性的社会，当代社会的社会基础与时代精神位于日常生活表面之下，即个人组成的小部落之中，位于部落散发的感性、温暖、亲密、强烈的生命本能之中[②]。部落现象的涌现实际上反映的是当代社会正在经历的重大变化，即社会已经从以理性为代表的现代性阶段开始向更为多元的后现代性阶段过渡。马费索利强调的"部落"，是指因相同的情感集聚起来的族群及联系，除了能够让人们获得共享的价值观，还能让人从中找回自身基本的价值观。人们因相同的感情集聚成部落，又因感情的变化离开原来的部落，集聚新的部落，总是参照群体来确定社会生活。理性、功能、机械、未来的逻辑让位于感情、角色、有机、当下的逻辑[③]。从本质上来说，新部落主义实为情感部落主义。

新部落主义具有5个特征，分别是：情感星云、无角色的共在、宗教模型、选择性亲和秘密法则[④]。第一，情感星云是指共通的情感如同星云一般环绕着人们，构成可感触的氛围并把人们集合在一起。第二，无角色的共在是指情感部落是由许多不熟悉的人组成的，"在一起"可以是非定向的，情感连接未必要求交往方是熟人。第三，马费索利以宗教作为隐喻以说明情感部落的吸引力，情感部落具有许多与教派群体相似的特征，如在场、亲近、强群体成员感和群体责任感等。第四，选择性

---

① 许轶冰，波第·于贝尔.对米歇尔·马费索利后现代部落理论的研究[J].西北大学学报（哲学社会科学版），2014，44（01）：21-27.
② 米歇尔·马费索利.部落时代——个体主义在后现代社会的衰落[M].许轶冰，译.上海：上海人民出版社.2022：1-33.
③ 米歇尔·马费索利，许轶冰.部落游牧性[J].江南大学学报（人文社会科学版），2012，11（02）：40-44.
④ 王宁.自目的性和部落主义：消费社会学研究的新范式[J].人文杂志，2017（02）：103-111.

亲和是对人们基于自己的好恶感觉来选择交往群体的提炼，支配这种群体化过程的不是理性机制，而是基于相遇、情境及在各种群体交往经历基础上的情感体验。第五，秘密法则是指情感部落具有集体隐私，群体所分享的秘密成为一种群体的确认方式。

2. 适应性更新

适应性更新，又被称为适应性再利用（adaptive reuse）。1979年联合国教科文组织通过的《巴拉宪章》将其定义为"对某一场所进行调整使其容纳新的功能，其关键在于为建筑遗产找到适当的用途，使该场所的重要性得以最大程度的保存和再现，对重要结构的改变降低到最低限度，并使这种改变可以得到复原"[1]。提出适应性更新的西方学者普遍认为，适应性更新能够创造经济和社会效益，促进旅游业等相关产业的发展[2]。工业遗产适应性更新的关键是在原有建筑功能已经被移除，而原有结构尚能继续使用的前提下，选择植入合适的功能。在这一过程中，结构的再利用、材料的再利用、新功能的介入、文化态的延续4个因素紧密关联[3]。

然而，满足文化遗产在适应性实践中的多元主体的需求是一项艰巨挑战任务。纵观国内关于工业遗产的适应性更新研究，发现已有学者尝试建立符合国情的工业遗产适应性更新概念模型，或者针对遗产适应性更新开展后评价研究，建立相应的指标体系和评价标准。工业遗产原本与某些个体的生产生活密切相关，个体在其中能够满足谋生存、求发展的基本需求，并凝聚生成群体。产业的转型及衰落使工业遗产本体功能逐渐消逝，与个体、群体的联结随之日趋松散。如今工业遗产试图通过适应性更新改造成城市公共空间，重构与当地民众的关联。如马费索利所言，新部落主义时代来临，个体的需求已然发生转变，工业遗产适应性更新的实践则是情感部落再建构的尝试。基于新部落主义视角审视工业遗产的适应性更新，是从"人"的角度出发评估工业遗产改造效用的探索。

三、宁波渔轮厂改造实践

2022年9月，本文笔者作为项目组成员到浙江省宁波市开展调研，对该市城市

---

[1] Brooks G. The Burra Charter: Australia's Methodology for Conserving Cultural Heritage [J]. Places.1992, 8 (1): 87.
[2] Tweed C, Sutherland M. Built Cultural Heritage and Sustainable Urban Development [J]. Landscape and Urban Planning.2007, 83 (01): 62-69.
[3] Douglas J. Building Adaptation [M]. New York, 2006: 146-168.

公共空间建设进行评估，通过座谈会、实地走访等方式获取资料，主要任务是为浙江省城市公共空间文化塑造与提升策略提供建议。其中，宁波渔轮厂是该市公共空间建设的典型项目故成为调查评估对象之一。

（一）渔轮厂历史沿革

宁波渔轮厂是新中国成立之后创办的一家宁波市市属全民所有制企业，系农业部重点船舶制造厂，是机电部定点生产渔船、渔机产品的专业厂，规模与质量均为行业内标杆水平。宁波渔轮厂的前身是由6家小船厂合并建成的修船厂，当时名为浙江省轮船公司宁波分公司船舶修理组；1956年，合并宁波农具机械船舶修理厂称浙江省交通厅航运管理局宁波修船厂；1957年，更名为"宁波船舶修造厂"。此后几易其名，建造的渔轮规模不断扩大。1991年，正式更名为"宁波渔轮厂"[1]；1998年，宁波渔轮厂改制，更名为宁波富兴工贸发展有限公司，迁址药行街；2004年，因滨江大道建设需要，渔轮厂原厂址部分厂房拆迁，唯一留存的车间为当年最大的轮转车间；2016年，宁波渔轮厂旧址被列入第一批宁波市历史建筑名单[2]，属于近代工业重点保护建筑。

（二）渔轮厂更新背景

为盘活地块资源使历史建筑重焕新生，2018年，宁波市人民政府将渔轮厂保留厂房及船坞无偿移交宁波市鄞州区管理并招商运营[3]。2019年，宁波鄞城集团有限责任公司引进文化演艺重点企业宁波爱珂文化集团有限公司进行老厂房及相关经营设施更新建设，计划将其打造成以"星聚甬江、百年海商"为主题的文化演艺综合体[4]。该项目交由浙江南方建设设计有限公司进行设计，今天建设有限公司负责施工，周边环境由宁波市鄞城集团有限责任公司进行改造提升。更新后的渔轮厂将成为国内首个城市中央区文旅演艺综合体，实现从"工业走廊"到"生活岸线"的蜕变。

实地调研时获知，宁波鄞城集团期望通过将工业遗存保护利用、城市文化演艺产业发展、城市特色文化空间构建等有机融合，打造全新的城市文化地标，打造成宁波的渔人码头，并与和丰创意广场、南面书城等各个节点打通，充分营造人气。项目完成后将展现宁波城市近代工业文化特征，对进一步增强东外滩区域经济发展

---

[1] 浙江省文物局.浙江省第三次全国文物普查新发现丛书：近现代建筑[M].杭州：浙江古籍出版社，2012：188.
[2] 江东年鉴编纂委员会.江东年鉴 2016[M].宁波：宁波出版社，2016：197.
[3] 宁波市人民政府，《关于加快渔轮厂地块保留厂房及船坞开发利用的批复（甬政笺〔2018〕74号）》。
[4] 宁波市自然和规划局，《专题会议纪要〔2019〕47号》。

160 ❖ 区域热点·城乡文化产业

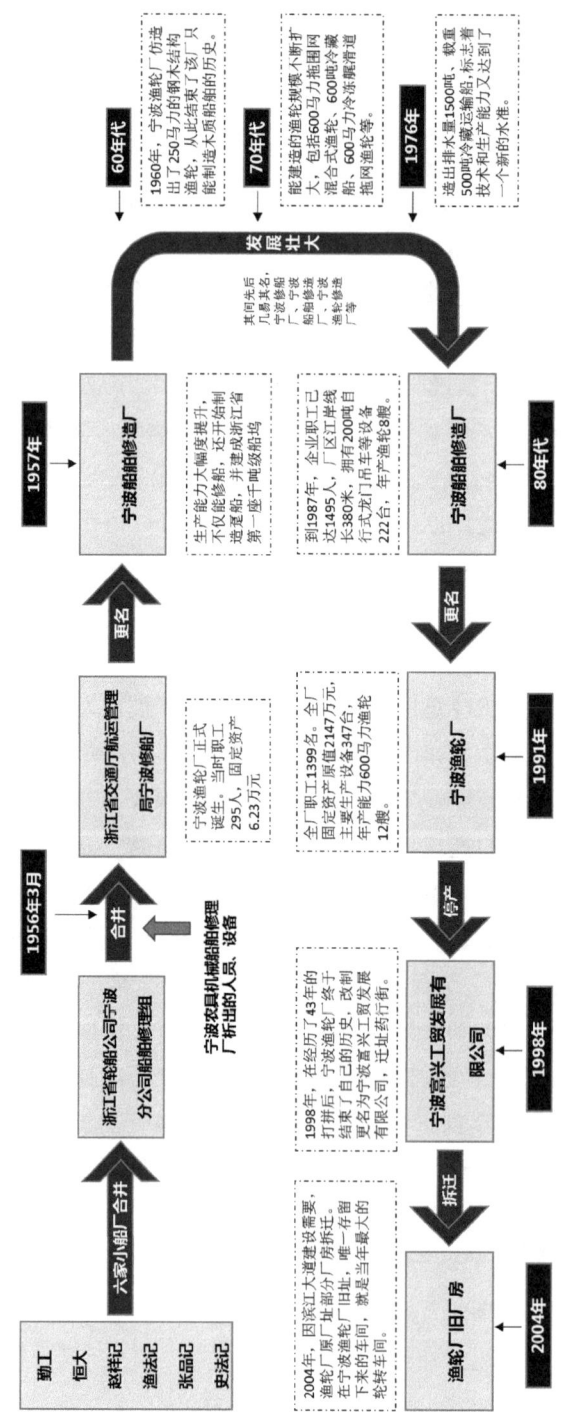

图 1 宁波渔轮厂历史沿革（由住房和城乡建设局城市建设处提供资料，作者改绘）

后劲、塑造城市文化形象、提升区块品质、促进文旅消费与夜经济发展等发挥积极促进作用。

（三）渔轮厂具体更新措施

渔轮厂更新项目地块南起外滩大桥，北至 7815 厂围墙，东临甬江大道，西靠甬江，与宁波书城隔桥相望，与江北的海关旧址博物馆隔江对望。项目整个地块长约 230 米，总占地面积约 2.42 万平方米，总投资 1.85 亿元，拟打造以"演艺+"为核心，集旅游集聚、会展博览、产业孵化、休闲娱乐、时尚科技于一体的国内首个城市中央区文旅演艺综合体。

在概念规划层面，宁波市住房和城乡建设局工作人员在调研座谈会中提及，计划将渔轮厂地块更新成一个连续、充满活力的公共开放空间。"三江口地区是宁波发展能级最高、最具代表性的区域，是金融、商贸、旅游、文化等功能集聚发展区，是水绿交织的城市客厅。财富中心独特的造型成为三江口的视觉焦点，那么渔轮厂更新成演艺中心，使城市向滨江延伸的景观廊道近在眼前。"①这一思路的具体呈现如图 2 所示。具体实施策略分为 4 项，一是构筑甬江东岸的工业遗产创意街区；二是塑造多样化的公共空间及文化空间；三是修复断点，恢复沿江慢性线路连续性；四是采用小尺度、渐进式的城市修补法。

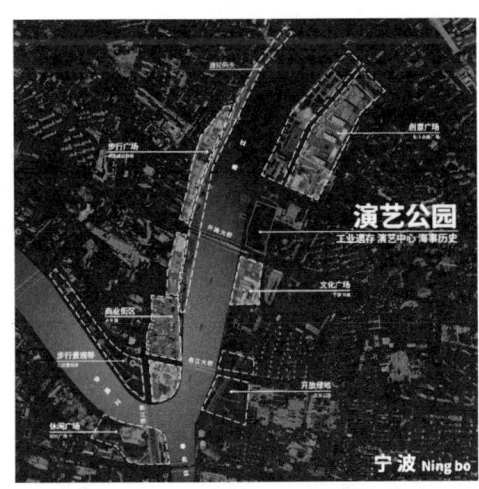

图 2　渔轮厂更新项目区位概念规划（由宁波市住房和城乡建设局城市建设处提供）

---

① 2022 年 9 月实地调研记录。

首先，构筑"和丰—7815—渔轮厂—书城（太仓）"创意街区，更新为演艺中心的渔轮厂，计划串联宁波和丰纱厂、7815工厂（明江船厂）、太丰面粉厂（书城）3项工业遗产，形成工业遗产更新聚落，联袂打造工业遗产创意街区。

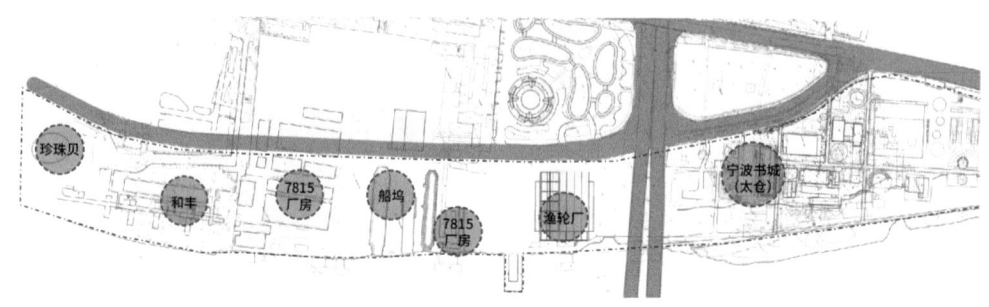

图3 "和丰—7815—渔轮厂—书城（太仓）"创意街区
（由浙江南方建设设计有限公司提供）

其次，塑造多样化的公共空间及文化空间。目前，和丰纱厂已改造为和丰创意广场，7815工厂（明江船厂）拟改造为船坞公园，太丰面粉厂已改造为宁波书城书香文化公园。渔轮厂改造为演艺中心后能够丰富整个区域的业态，共同构筑城市公共文化长廊。

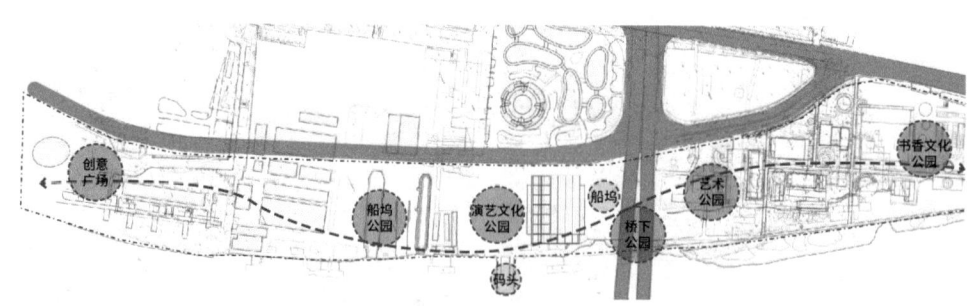

图4 "和丰—7815—渔轮厂—书城（太仓）"公共及文化空间
（由浙江南方建设设计有限公司提供）

再者，修复断点，恢复沿江慢性线路的连续性。具体计划是通过对建筑立面的局部后退，形成架空的步行通廊，以此保证沿江慢行道的连续性。渔轮厂的更新方案是对宁波市甬江南岸一期到七期滨江绿带项目的响应，使甬江南岸滨江休闲带进一步扩展和延伸，打造集休闲、运动、文化、生态于一体的公共滨水空间，形成兼具城市生活与形象的生态化新景观。

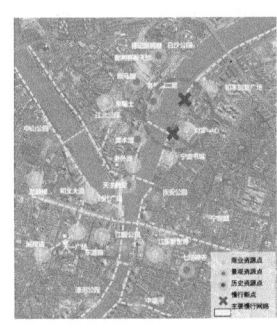

图 5　渔轮厂断点及修复示意图（由浙江南方建设设计有限公司提供资料，作者改绘）

最后，采用小尺度、渐进式的城市修补法。具体操作办法为，利用现状空地的东北角，设置地下的停车库，打造集装箱区域，设置景观看台，既能满足剧场的停车的问题，又创造出可看江、看表演的景观看台；利用外滩大桥桥下的高空间作为停车场，并设置专用的旅游大巴车车位，可有效缓解大型剧场停车难的问题，可分散团客和散客人流，有效缓解剧场人员集中疏散的压力。

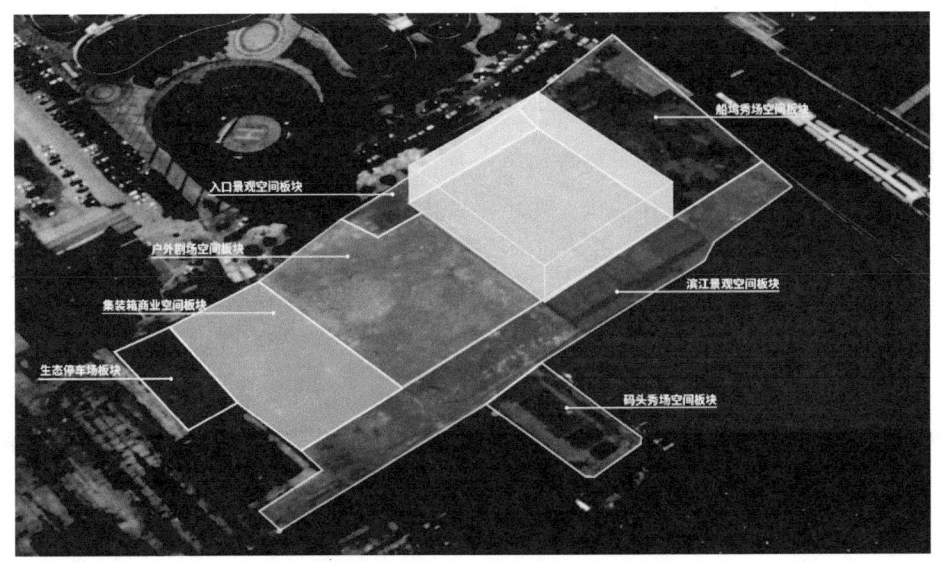

图 6　渔轮厂小尺度渐进式更新模式（由浙江南方建设设计有限公司提供）

四、宁波渔轮厂更新评估

基于新部落主义审视渔轮厂的适应性更新，发现通过结构及材料的再利用为"唤醒基础的共在"与"回应社会的本能"创造了可能；但在介入新功能以构筑审美的"邻近性"上，其新业态、新活动能否重构大众的情感部落具备不确定性；在演绎社会习俗以实现文化态的延续上，主导更新项目的主体未充分意识到渔轮厂更新除了实体空间的改造，还需要营造与当地居民社会习俗、情感需求相呼应的业态与活动，才能打造"在场"和"亲近"的吸引力。

（一）结构再利用：唤醒基础的共在

渔轮厂的更新方案对原厂房建筑结构进行再利用，将原始建筑的承重结构，按照历史建筑的保护要求和结构检测报告修旧如旧，原金属方格窗破损严重，予以原貌还原，使其展现原有的历史风貌。更新方案尽可能地保留了渔轮厂厂房巨大空间所拥有的尺度感，在建筑内拥有通透的视线，由此访客能直观感受到渔轮厂原有的规模。在更新后的演艺中心，观众可以感知老建筑原来的结构和管道设施，通过舞台尽头的大型玻璃开口，可以望到甬江与外滩大桥。

此外，设计根据渔轮厂厂房大跨度、高净高的特点，将演艺综合体的各功能空间合理地组装到原本的厂房结构内。一楼为剧场台仓、影视文化博物馆、艺术商品店、票务、艺术工厂及音乐工坊；二楼为 800 人大剧院、300 人小剧场、艺术工厂及音乐工坊；三楼为潮牌设计工坊、江景休息厅；四楼为潮牌设计工坊、观景露台。

从新部落主义出发，对那些曾与渔轮厂生产生活产生联结的个人、群体，乃至宁波人民而言，渔轮厂的原始建筑实体是触发"情感星云"形成"部落共在"的结构基础。当前，更新方案保存原有结构，为他们的重新联结创造了可能。在保留渔轮厂厂房原始结构的演艺中心内，那些曾与渔轮厂息息相关的个人，得以借此将私人生活中的情感体验与社会变迁、遗产空间建立关联。"选择性亲和"与"无角色共在"地发酵，或能弥合记忆与现实之间、个体记忆与集体记忆之间的断裂。

（二）材料再利用：回应社会的本能

在尽可能保留原有结构的基础上，渔轮厂厂房更新方案也充分考虑利用其原材料。据《宁波渔轮修造厂房屋结构评估报告》显示，渔轮厂厂房存在的问题有：原结构排架柱以及混凝土屋架钢筋锈胀、混凝土脱落、混凝土强度不足；预制屋面板不符合使用要求，下翼缘支撑断裂或缺失。针对上述问题，更新方案的措施为：一是采用包钢和碳纤维结合的方式改造，碳纤维包裹饰面修复；二是按照原屋顶形态轮廓更换为轻质屋面，更换同形制钢结构屋架。

实地调研过程发现，项目施工方工作人员意识到材料再利用并非成本最低的选择，但采取上述措施却有充分的理由："主要就是这样做，是好识别、可拆卸、能复原的，我们用碳纤维方便小尺寸构件加固，比较好做饰面复原。按照这个方案做好了以后，你们看到的这些加固钢材直接裸露，就有一种工业风，和剧场、LIVE-HOUSE那些时尚元素可以碰撞。我们是对标上海船厂1862那边对建筑原材料重新利用，也符合以前厂房的样子，比较怀旧。"① 施工方对其措施的归因偏向于操作的可行性，在此基础上再满足大众对"怀旧"的需求。

实质上，渔轮厂厂房更新方案对材料的再利用是回应"社会本能"的一个尝试。社会本能潜藏于人们的感情、集体激情、公众呈现的身体、观赏世界的愉悦、日常生活、风俗习惯之中。渔轮厂厂房更新中留存的原始材料，成为回应大众感情、集体激情等显露的社会本能的触媒。查阅宁波地方报纸所获的报道材料也佐证了这一观点："斑驳的墙面，空旷的旧厂房，落在旧木头上的光影，只剩框架的走廊……年轻人在各个角落凹造型，凝固一个不同的我，以影像的方式，与旧时光告别。"② 在渔轮厂厂房更新项目正式开始之前，许多年轻人自发地集群于此地拍摄影像，他们所迷恋的则是厂房的"老"和"旧"，所谓的"老"与"旧"体现于厂房原始建筑材料中。这一类的集体怀旧行动，是处于"情感星云"中的本能行为，是现代性视域下"选择性亲和"驱动的带有审美体验性质的社会文化策略。渔轮厂不得不更换屋顶形态与物架，反映了工业发展对日常生活的浸染和改变，而建筑原始材料的最大程度留存，则是力图满足宁波当地居民的社会本能需求的选择。

（三）新功能介入：构筑审美的邻近

渔轮厂厂房的更新方案通过在原有建筑结构内介入新功能、设计新活动的手段，构筑具有审美性的"邻近"。原本渔轮厂厂房周边可达性较弱、场地荒废、景观面差，具体表现为场地内布满工业残留垃圾，没有存留长势良好的植被环境，场地内荒废待兴、锈迹斑斑；西北边接驳甬江，现状驳岸为老旧硬质驳岸，缺乏防浪基础设施，景观面较差。

更新方案以空间特质为基础进行分类，介入新的业态活动，具体实践如图7所示。由于紫色地块两边受阻，以纵向活动为主，例如红毯秀场等；红色地块场地开

---

① 2022年9月实地调研记录。
② 叶敏，陈海燕. 来吧和渔轮厂道一声"再见" [N]. 鄞州日报，2021-05-02（01）.

阔，适合户外剧场等需要开敞空间的活动；黄色地块适合开展展览展示类活动，联合建筑激活红色地块；绿色地块狭长，主要是滨江景观带，适合策划以运动观景等为主的活动。按场地的特质划分空间后，用慢行步道连接车行流线和滨江景观流线，激活流线周边空间。由此，渔轮厂的适应性更新方案通过借助新业态、新活动，以及一块共同区域的分享，试图构建审美性的"邻近"。

值得注意的是，审美的"邻近"强调不应该把感情或感受性当作是纯粹的主观性，而应该把它们当作是主观性与客观性的混合，因为人们"已经不能把灵魂与肉体、精神与物质、想象与经营、意识与操作等以严格的方式对立"[①]。换言之，更新后的渔轮厂为构筑审美的"邻近"创造了客观性条件，然而主观性条件仍是难以预料、把控的因素。项目的实践中，无论是投资方、设计方、施工方都难以预判渔轮厂更新后受众对其态度如何。新业态、新活动是否能够使得人们形成从属或分享某种品味的情感部落，仍需要打个问号。

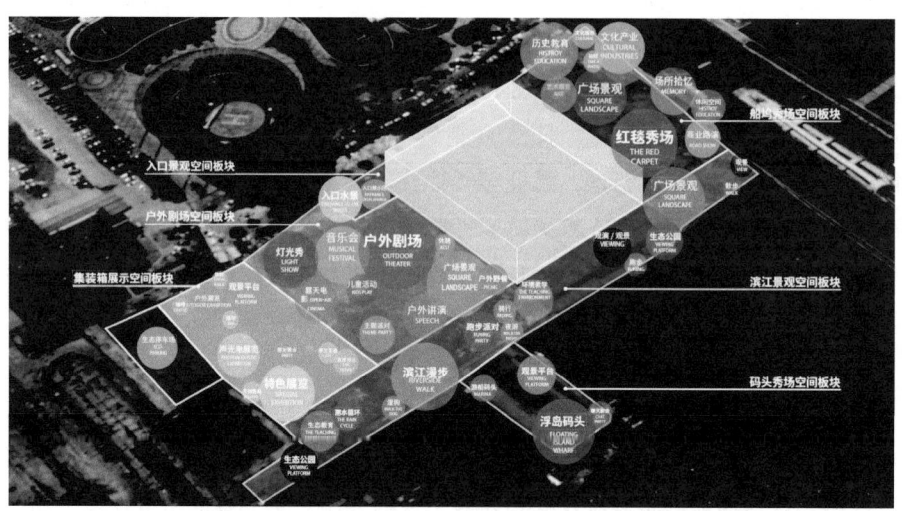

图 7　渔轮厂的新功能介入（由浙江南方建设设计有限公司提供资料，作者改绘）

（四）文化态延续：演绎社会的习俗

宁波渔轮厂的更新作方案早已有之，由于渔轮厂旧址毗邻的宁波书城、和丰创意广场，属于《宁波"十三五"文化产业发展规划》中重点发展的以泛三江片核心

---

① 米歇尔·马费索利.部落时代——个体主义在后现代社会的衰落［M］.许轶冰，译.上海：上海人民出版社.2022：1–33.

区为载体的"文化核",原本规划是以文创作为再循环的目标,拟将其转型为文化展览馆。南侧场馆靠近宁波书城,拟进行各种书画、艺术品等创作作品展览,中间场馆拟作为举办各种文化活动的场所,北侧场馆拟作为非物质遗产展览馆。

如今的方案中,主体厂房内将打造"爱珂大剧场"和"星潮小剧场"两大特色剧场,其中"爱珂大剧场"将365天呈现宁波城市文化旅游剧目,而"星潮小剧场"将被打造成为宁波首个实验性黑匣子小剧场。完善的主体厂房周边配套服务设施,为大众提供多元化、多样性的演艺文化新体验。另外,还将工业元素融入每一个空间中,绿地舞台、集装箱夜市、游轮码头等作为广场内的一大亮点,拟为市民体验工业、海事文化创意活动提供优质的公共开放空间。绿地舞台打造沉浸式户外剧场,集装箱夜市计划重现当年渔轮厂海鲜大排档人声鼎沸的盛况。

与之前方案对比,更新为演艺空间的现行方案更符合宁波工业文化、海事文化、演艺文化交叠的底蕴,能够延续宁波这座城市的文化态。文化态的延续基于"社会习俗的演绎",渔轮厂适应性更新后为"社会习俗的演绎"创造了可能,在这一空间中个体或能"走出自己"并体验到部落主义的情绪氛围。然而,调研中发现,投资方未意识到遗产实体的更新作用于城市文化的塑造及社会习俗延续时,必须经由当地居民这一活态载体,更未全面看到渔轮厂更新为演艺空间与当地居民之间的互动可能。投资方今系更多是"高端文化演艺综合体"的实体打造。正如《宁波日报》所载:"爱珂文化集团负责人向记者表示,爱珂演艺广场临江而建,地理区位独特,将工业遗存保护利用、城市文化演艺产业发展、特色文化空间构建等有机融合,将打造成为一处高端的文化演艺综合体。"①

若渔轮厂更新为演艺空间之后,其文化活动未能与当地居民长期以来的社会习俗相呼应,其文化氛围未能阐释或呈现城市文化的底色,自然不具备"在场"和"亲近"的吸引力。只关注遗产实体的更新,挖掘城市历史与文化资源赋能工业遗产仅为营造新奇的公共文化空间实体,忽视工业遗产本身与个体、集体交互所需的情境,那么社会习俗的传承乃至城市文化的延续将难以在遗产新空间中再现。

五、结　语

渔轮厂的更新实践试图重构遗产空间与当地居民的情感部落连接,相较于忽视

---

① 周晖.甬江两岸"蝶变"进行时［N］.宁波日报,2019-12-07(A02).

民众需求的"面子工程""形式项目"而言，一定程度上呼应了个体在时代变迁过程中的新需求，可视为工业遗产适应性更新实践对人的复归以及对相关群体的关照，是值得肯定的探索。然而诸如此类的工业遗产最终能否成为改造转型的典范，关键在于更新的重点不能只停留在实体结构和材料的再利用，要关注非实体的具备审美邻近性与社会习俗延续性的空间氛围营造。当在地性的情感体验镶嵌于遗产空间之中，社会变迁和遗产空间相关联，情感部落逐渐生成壮大，遗产才能成为情感共同体的隐喻，最终成为时代精神的结晶。

参考文献

［1］白松强，陈艳.中国语境下的"工业遗产"概念内涵刍议——兼议中日对Industrial Heritage 的不同译介［J］.东南文化，2022（2）：15-23.

［2］曹福然，马雨墨.中国工业遗产话语变迁的背景历程、话语特质及文化条件分析［J］.东南文化，2022（02）：24-32.

［3］丁新军，阙维民，孙怡."地方性"与城市工业遗产适应性再利用研究——以英国曼彻斯特凯瑟菲尔德城市遗产公园为例［J］.城市发展研究，2014，21（11）：67-72.

［4］高长征，闫芳，龙文燕.基于"共生理论"的工业遗产改造模式探索——以洛阳轴承厂为例［J］.城市发展研究，2017，24（03）：54-60.

［5］管斌君，池方爱.基于再循环理念的城市与其工业遗产类历史建筑共生——以宁波渔轮厂旧址改造为例［J］.城市发展研究，2017，24（05）：74-78.

［6］韩福文，佟玉权.东北地区工业遗产保护与旅游利用［J］.经济地理，2010，30（01）：135-138+161.

［7］韩晗."双碳"目标下城市工业空间转型的优化策略与选择路径——以工业遗产保护更新为视角［J］.上海师范大学学报（哲学社会科学版），2021，50（06）：88-94.

［8］贺云翱.文化遗产学初论［J］.南京大学学报（哲学.人文科学.社会科学版），2007（03）：127-139.

［9］胡建新，张杰，张冰冰.传统手工业城市文化复兴策略和技术实践——景德镇"陶溪川"工业遗产展示区博物馆、美术馆保护与更新设计［J］.建筑学报，2018（05）：26-27.

［10］江东年鉴编纂委员会.江东年鉴 2016［M］.宁波：宁波出版社，2016：197.

［11］蒋楠.近现代建筑遗产适应性再利用后评价——以南京3个典型建筑遗产再利用项目为例［J］.建筑学报，2017（08）：89-94.

［12］解学芳，黄昌勇.国际工业遗产保护模式及与创意产业的互动关系［J］.同济大学学报（社会科学版），2011，22（01）：52-58.

［13］李建华，王嘉.无锡工业遗产保护与再利用探索［J］.城市规划，2007（07）：81-84.

［14］刘伯英.对工业遗产的困惑与再认识［J］.建筑遗产，2017（01）：8-17.

［15］刘奇志，何梅，汪云等.武汉老工业城市更新发展的规划实践［J］.城市规划，

2010，34（07）：39-43.

［16］刘容. 场所精神：中国城市工业遗产保护的核心价值选择［J］. 东南文化，2013（01）：17-22.

［17］米歇尔·马费索利，许轶冰. 部落游牧性［J］. 江南大学学报（人文社会科学版），2012，11（02）：40-44.

［18］米歇尔·马费索利. 部落时代——个体主义在后现代社会的衰落［M］. 许轶冰，译. 上海人民出版社. 2022：1-33.

［19］钱艳，任宏，唐建立. 基于利益相关者分析的工业遗址保护与再利用的可持续性评价框架研究——以重庆"二厂文创园"为例［J］. 城市发展研究，2019，26（01）：72-81.

［20］佟玉权，韩福文. 工业遗产景观的内涵及整体性特征［J］. 城市问题，2009（11）：14-17.

［21］王敏，江冰婷，朱竑. 基于视觉研究方法的工业遗产旅游地空间感知探讨：广州红专厂案例［J］. 旅游学刊，2017，32（10）：28-38.

［22］王宁. 自目的性和部落主义：消费社会学研究的新范式［J］. 人文杂志，2017（02）：103-111.

［23］王鑫. "人""文"并重：工业文化遗产开发理念研究——以沈阳工业文化遗产开发为个案［J］. 沈阳工程学院学报（社会科学版），2012，8（03）：332-335.

［24］吴静轩，唐相龙. 遗产保护视角下的兰州市苏式老工业住区微更新模式研究［J］. 规划师，2022，38（06）：118-124.

［25］谢红彬，高玲. 国外工业遗产再利用对福州马尾区工业旅游开发的启示［J］. 人文地理，2005（06）：52-55.

［26］许轶冰，波第·于贝尔. 对米歇尔·马费索利后现代部落理论的研究［J］. 西北大学学报（哲学社会科学版），2014，44（01）：21-27.

［27］张松. 城市文化遗产保护国际宪章与国内法规选编［M］. 上海：同济大学出版社，2007：6.

［28］张松. 上海黄浦江两岸再开发地区的工业遗产保护与再生［J］. 城市规划学刊，2015（02）：102-109.

［29］浙江省文物局. 浙江省第三次全国文物普查新发现丛书：近现代建筑［M］. 杭州：浙江古籍出版社，2012：188.

［30］周晖. 甬江两岸"蝶变"进行时［N］. 宁波日报，2019-12-07（A02）.

［31］Brooks G. The Burra Charter：Australia's Methodology for Conserving Cultural Heritage［J］. Places.1992，8（1）：87.

［32］Tweed C，Sutherland M. Built Cultural Heritage and Sustainable Urban Development［J］. Landscape and Urban Planning.2007 83（01）：62-69.

［33］Douglas J. Building Adaptation［M］. New York，2006：146-168.

［34］Murtagh W J. Rehabilitation and Adaptive Use，Keep Time：The History and Theory of Preservation in America［M］. John Wiley and Sons. New Jersey. 2006：97.

《北大文化产业评论》征稿启事

一、期刊介绍

《北大文化产业评论》（*Peking University Cultural Industries Review*）是北京大学文化产业研究院和国家文化产业创新与发展研究基地联合主办的文化产业研究性学术期刊书（Jook，Journal Book），以学术期刊的方式编辑内容，以图书专著的形式出版发行，每年十二月付梓出版。本刊以文化产业相关领域的理论性、批判性、历史性和国际性的研究为主要内容，重点探讨当下文化产业发展的热点和趋势，旨在成为国际文化产业学术领域中知名学者研究成果发表的主要阵地。

为进一步完善文化产业领域的学术研究，本刊设置以下固定栏目：理论视野、前沿观察、产业动态、区域热点。本辑《评论》主要关注以下几个前沿议题：关注跨文化传播、乡村振兴、数字经济与创新发展、文化新基建、文化经济双循环等前沿议题。本期《北大文化产业评论》稿件投递截止时间为2023年6月30日，诚邀各学科作者投寄未曾在公开出版物或网站上发表过的稿件！经刊登的论文，本刊将赠送样刊两册。

二、投稿须知

（一）文稿类型

论文文字中英文均可，但中文以简体字为限，英文内容不超过当期篇幅的五分之一。同时本刊欢迎使用其他语言如日文、韩文、法文等来稿，经审议通过，本刊将原文刊登。论文须是具原创性且完整学术格式的论文，中英文文稿在 8000～10 000 字为宜。

（二）论文格式

（1）来稿请用电脑采用 Word 文档形式处理，文件名注明"文化产业评论投稿"，用电子邮件"附件"形式投寄。若不能用电子邮件投稿，可邮寄打印稿。若文稿中含有数学公式、表格、曲线图及其他图表,请用电脑制作相关内容,并务必保证其中的符号、数字、文字、图线清晰、规范。文字横向排列,并注明页码。

(2)本刊为统一文稿规格,编订了论文撰稿体例,敬请参考遵循采用。(点击阅读原文获取)

(三)版权事宜

(1)本刊不接受已正式出版,以及一稿数投的论文。邀请论文不在此限。对于侵犯他人版权或者其他权益的文稿,本刊概不承担任何连带责任。

(2)经刊登的论文,版权归本刊所有。非经本刊同意,不得转载或转译为其他语种发表。邀请论文不在此限。

(3)经刊登的论文,本刊将赠送当期两本,不另付稿酬。

(四)稿件交寄

请于6月30日之前提交稿件,来稿请通过电子邮件投稿,本刊编辑部收到后将会及时回复确认。请勿由私人转递稿件,以免辗转贻误。本刊编辑部收到后即回复,2个月后未被刊用可自行处理。本刊不收取任何费用,也不开具任何书面录用通知,请谨防诈骗。询问本刊出版相关事宜请联系:北京大学文化产业研究院《北大文化产业评论》编辑部。

联系方式:86-10-62767249,86-10-62757216

电子邮箱:ici@pku.edu.cn(邮件标题请注明"《北大文化产业评论》投稿"。邮件请附注联系方式(微信为佳)

通讯地址:北京大学燕南园51号院(邮编:100871)。

《北大文化产业评论》编辑部

2023年4月12日